行千里 致广大

中国式现代化的重庆故事

中共重庆市委党校（重庆行政学院）组织编写
谢金峰 主编
张 健 副主编

国家出版基金项目
NATIONAL PUBLICATION FOUNDATION

『中国式现代化的故事』丛书
张占斌 总主编

中央党校出版集团
国家行政学院出版社
NATIONAL ACADEMY OF GOVERNANCE PRESS

图书在版编目（CIP）数据

行千里·致广大：中国式现代化的重庆故事 / 谢金峰主编；张健副主编 . — 北京：国家行政学院出版社，2024.4

（“中国式现代化的故事”丛书 / 张占斌主编）

ISBN 978-7-5150-2849-1

Ⅰ . ①行… Ⅱ . ①谢… ②张… Ⅲ . ①现代化建设－研究－重庆 Ⅳ . ①D677.19

中国国家版本馆 CIP 数据核字（2024）第 047794 号

书　　名　行千里·致广大——中国式现代化的重庆故事
XING QIANLI · ZHI GUANGDA——ZHONGGUOSHI XIANDAIHUA DE CHONGQING GUSHI

作　　者　谢金峰　主编　张　健　副主编

统筹策划　胡　敏　刘韫劼　陈　科

责任编辑　陈　科　陆　夏　宋颖倩

责任校对　许海利

责任印刷　吴　霞

出版发行　国家行政学院出版社
（北京市海淀区长春桥路 6 号　100089）

综 合 办　（010）68928887

发 行 部　（010）68928866

经　　销　新华书店

印　　刷　北京新视觉印刷有限公司

版　　次　2024 年 4 月北京第 1 版

印　　次　2024 年 4 月北京第 1 次印刷

开　　本　170 毫米 × 240 毫米　16 开

印　　张　13.25

字　　数　186 千字

定　　价　58.00 元

出版说明

党的二十大报告指出，从现在起，中国共产党的中心任务就是团结带领全国各族人民全面建成社会主义现代化强国、实现第二个百年奋斗目标，以中国式现代化全面推进中华民族伟大复兴。习近平总书记在中央党校建校90周年庆祝大会暨2023年春季学期开学典礼上的讲话中首次创造性提出“为党育才、为党献策”的党校初心。紧扣党的中心任务，践行党校初心，中央党校出版集团国家行政学院出版社和中央党校（国家行政学院）中国式现代化研究中心特别策划“中国式现代化的故事”丛书，邀请地方党校（行政学院）、宣传部门、新闻媒体、行业企业等方面共同参与策划和组织编写，从不同层次、不同维度、不同视角讲述中国式现代化的地方故事、企业故事、产业故事，生动展示各个地区、各个领域在大力拓展中国式现代化新征程上的理念创新、实践创新、制度创新、文化创新等，精彩呈现当代中国以中国式现代化全面推进中华民族伟大复兴的宏大历史叙事，以讲好中国式现代化的故事来讲好中国故事。

该丛书力求体现这样几个突出特点：

其一，文风活泼，以白描手法代入鲜活场景。本丛书区别于一般学术论著或理论读物严肃刻板的面孔，以生动鲜活的题材、清新温暖的笔触、富有现场感的表达和丰富精美的图片，将各地方、企业推进中国式现代化建设的理论思考、战略规划、重要举措、实践路径等向读者娓娓道来，使读者在沉浸式的阅读体验中获得共鸣、引发思考、受到启迪。

其二，视野开阔，以小切口反映大主题。丛书中既有历史人文风貌、经济地理特质的纵深概述，也有改革创新举措、转型升级案例的细节剖解，既讲天下事，又讲身边事，以点带面、以小见大，用故事提炼经验，以案例支撑理论，从而兼顾理论厚度、思想深度、实践力度和情感温度。

其三，层次丰富，以一域之光映衬全域风采。丛书有开风气之先的上海气度，也有立开放潮头的南粤之声；有沉稳构筑首都经济圈的京津冀足音，也有聚力谱写东北全面振兴的黑吉辽篇章；有在长江三角洲区域一体化发展中厚积薄发的安徽样板，也有在成渝地区双城经济圈中走深走实的川渝实践；有生态高颜值、发展高质量齐头并进的云南画卷，也有以“数”为笔、逐浪蓝海的贵州答卷；有“强富美高”的南京路径，也有“七个新天堂”的杭州示范……。丛书还将陆续推出各企业、各行业的现代化故事，带读者领略中国式现代化的深厚底蕴、辽阔风光和壮美前景。

“中国式现代化的故事”丛书既是各地方、企业推进中国式现代化建设充满生机活力的形象展示，也是以地方、企业发展缩影印证中国式现代化理论科学性的多维解码。希望本丛书的出版，能够为各地方、企业搭建学习交流平台，将一地一域的现代化建设融入全面建设社会主义现代化国家的大局，步伐一致奋力谱写中国式现代化的历史新篇章。

国家行政学院出版社

“中国式现代化的故事”丛书策划编辑组

总序

党的二十大擘画了全面建成社会主义现代化强国、以中国式现代化全面推进中华民族伟大复兴的宏伟蓝图。中国式现代化是前无古人的开创性事业，是强国建设、民族复兴的康庄大道。回顾过去，中国共产党带领人民艰辛探索、铸就辉煌，用几十年时间走完西方发达国家几百年走过的工业化历程，创造了经济快速发展和社会长期稳定的两大奇迹，实践有力证明了中国式现代化走得通、行得稳；面向未来，在以习近平同志为核心的党中央坚强领导下，各地方各企业立足各自的资源禀赋、区位优势和产业基础、发展规划，精心谋划、奋勇争先，在推进中国式现代化过程中将展现出一系列生动场景，一步一个脚印地把美好蓝图变为现实形态。

中国式现代化，是中国共产党领导的社会主义现代化，既有各国现代化的共同特征，又有基于自己国情的中国特色。中国式现代化，是人口规模巨大的现代化，是全体人民共同富裕的现代化，是物质文明和精神文明相协调的现代化，是人与自然和谐共生的现代化，是走和平发展道路的现代化。这五个方面的中国特色，不仅深刻揭示了中国式现代化的科学内涵，也体现在不同地方、企业推进现代化建设可感可知可行的实际成果中。中国式现代化理论为地方、企业现代化的实践探索提供了不竭动力，地方、企业推进中国式现代化建设的成就也印证了中国式现代化道路行稳致远的时代必然。

为讲好中国式现代化的故事，更加全面、立体、直观地呈现中国式现代化的丰富内涵和万千气象，中央党校（国家行政学院）中国式现代化研究中心和中央党校出版集团国家行政学院出版社联合策划推出“中国式现代化的故事”丛书，展现各地方、企业等在着眼全国大局、立足地方实际、发挥自身优势，推进中国式现代化建设上的新突破新作为新担当，总结贯穿其中的完整准确全面贯彻新发展理念、构建新发展格局、推动高质量发展的新理念新方法新经验。我们希望该系列丛书一本一本的出下去，能够为各地更好推进中国式现代化建设以启迪和思考，为以中国式现代化全面推进中华民族伟大复兴凝聚更加巩固的思想基础，为进一步推进中国式现代化的新实践、书写中国式现代化的新篇章汇聚磅礴力量。

中央党校（国家行政学院）中国式现代化研究中心主任

2023 年 10 月

前 言

重庆，简称巴和渝，别称巴渝、山城、渝都、桥都、雾都。重庆具有3000多年悠久历史，旅游资源极为丰富，既拥有集山、水、林、泉、瀑、峡、洞等为一体的壮丽自然景色，又拥有熔巴渝文化、民族文化、移民文化、三峡文化、陪都文化、都市文化于一炉的浓郁文化景观。新时代新征程上，这座以山为根基的城市以其深厚积淀的历史文化，必将乘着中国式现代化的浩荡东风，为现代化新重庆建设奠定坚实的思想基础，也会为重庆未来的发展提供不竭动力，让现代化新重庆放射出更加璀璨的光彩。

党中央对重庆发展高度重视、寄予厚望，特别是党的十八大以来，习近平总书记两次到重庆视察，对重庆发表了一系列重要讲话，作出了重要指示批示，为重庆的发展导航定向。2016年1月，习近平总书记到重庆视察时提出，重庆是西部大开发的重要战略支点，“一带一路”和长江经济带的联结点（“两点”定位）；要把重庆建设成为内陆开放高地和山清水秀的美丽之地（“两地”目标）；2018年3月，习近平总书记参加十三届全国人大一次会议重庆代表团的审议时，对重庆提出了“推动高质量发展”“创造高品质生活”的目标（“两高”目标）和营造良好政治生态的重要指示，强调“领导干部要讲政德”。2019年4月，习近平总书记再次视察重庆，提出重庆要“努力在推进新时代西部大开发中发挥支撑作用、在推进共建'一带一路'中发挥带动作用、在推进长江经济带绿色发展中发挥示范作用”。这为重庆在国家区域发展和对外开放格局中谋划了新的发展蓝图。

习近平总书记指出：“城市的核心是人，城市工作做得好不好，老百姓满意不满意、生活方便不方便，是重要评判标准。”重庆高度重视城镇老旧小区改造工作，扎实巩固脱贫攻坚成果、推进乡村振兴、全力开展智慧城市建设，坚持党建引领基层治理，同步统筹基础设施建设和公共服务提升，推动老旧小区“旧貌换新颜”、农业农村农民现代化、城乡发展智慧化，老百姓生活不断从“住有所居”向“住享乐居”迈进。

重庆不仅是中国民主党派的诞生地，也是我国政治协商制度的发祥地，镌刻着鲜明的民主基因。中国式现代化是物质文明和精神文明相协调的现代化，发展全过程人民民主是中国式现代化的本质要求。新时代新征程新重庆以奋力书写中国式现代化重庆篇章为目标，持续深化民主法治市域实践，用好“八张问题清单”，交出“八张高分报表”，加快建设新时代新征程市域民主法治新高地。

重庆是长江上游生态屏障的最后一道关口，是长江中下游地区生态安全保护中不可或缺的角色，在国家生态保护大局中地位重要、作用独特。党的十八大以来，重庆秉承“山为骨、水为脉、林田湖草为肌体”的思路，坚持全市“一盘棋”统筹布局，推进7大类、近300个生态修复项目。经过持续多年的探索，重庆绿色农业、绿色工业、绿色经济范围不断扩大深入，既实现了生态环境保护的目标，又带动了城市经济增长，切切实实将绿水青山转变为了金山银山。

重庆是一块英雄的土地，是一座注入了红色基因的城市，这里不仅是巴渝文化的发祥地，更是“红岩精神”的起源地。近年来，重庆深学笃用习近平总书记关于党的建设的重要思想，坚持以党建为统领，以共建、共治、共享为导向，以健全体制机制为关键，以数字赋能为动力，着力构建权责清晰、运行顺畅、充满活力的党建统领基层智治体系，使党的领导通达基层“神经末梢”、全面落实到市域治理各方面和全过程。中共重庆市委六届三次全会专门研究全面提高党的领导力组织力，加快建设现代化新重庆市域党建新高地的议题，明确提出加快打造新时代“红岩先锋”变革型组织，形成具有重庆辨识度、全国影响力的党建名片。

目 录

第一章 路长知水性 山转见渝州

第二章　把握新机遇
共谱新篇章

第三章　建人民城市　促共同富裕

第四章　兴民主法治　夯治理根基

第五章　绿色见于心 生态见于行

第六章　赓续与传承

守正亦创新

后　记

第一章

路长知水性 山转见渝州

作为世界上最大的内陆山水之城，重庆地势崎岖、山河壮丽，既是一座灵气十足的城市，也是人们梦中的诗意之地。徜徉在重庆这座新晋网红城市，游客们往往会惊叹于一会儿上天入地，一会儿跨江穿楼的轨道交通，沉醉于富有层次感的“8D”立体魔幻建筑，流连于摩登大厦背后充满市井味的老巷子和火锅香。既能近距离参观不同历史时期的古建筑，感悟厚重的历史文化；也能穿梭于高楼林立的解放碑商业步行街和江北嘴之间，感受现代化大都市的魅力。山水如画的城市景观、绚烂厚重的历史文化名片，古老和现代，山水和城市相互交织、交相辉映，共同构成了充满生机活力的现代化新重庆。

重庆是一座历史悠久、文脉绵长的历史文化名城。习近平总书记 2016 年、2019 年在重庆调研期间及 2018 年全国两会期间参加重庆代表团座谈时多次提到重庆历史文化，从原始部落时期的巴人到战国时期巴蔓子，从宋代末期的钓鱼城保卫战到辛亥革命时期英勇就义的“革命军中马前卒”邹容，再到抗战时期和解放战争初期的“红岩精神”。习近平总书记如数家珍般提到的这些文化，如巴渝文化、革命文化、三峡文化、移民文化、抗战文化、红岩精神等，都是重庆灿若星河的历史文化的核心要素，他们共同构成了今日重庆历史文化体系的基石，也是重庆人文精神以及重庆人民、重庆城市性格特征的文化基因。

在历史长河中，中华民族形成了伟大的民族精神和优秀传统文化，这既是中华民族生生不息、长盛不衰的文化基因，也是实现中华民族伟大复兴的精神力量。同样，拥有 3000 多年积淀的重庆历史文化，也孕育了重庆人民坚韧顽强、开放包容、豪爽耿直的个性，为重庆的发展壮大提供了丰厚滋养。近年来，重庆经济发展实现了从高速增长到高质量发展的全局性转变，人民生活实现了从总体小康到全面小康的历史性转变。这些成绩的取得，既得益于以习近平同志为核心的党中央的坚强领导，也离不开全市干部群众的真抓实干，以及重庆历史文化中蕴含的强大精神动力。

新时代新征程上，这座以山为根基的城市以其深厚积淀的历史文化，必将乘着中国式现代化的浩荡东风，为现代化新重庆建设奠定坚实的思想基础，也会为重庆未来的发展提供不竭动力，让现代化新重庆放射出更加璀璨的光彩。

一、一眼千年，沧桑巨变

重庆山环水绕，江峡相拥，凭借长江黄金水道，西连三蜀，北通汉沔，南达滇黔，东接荆襄，控川东、川西、川南、川北之冲途，扼云贵川藏之门户，自古便是人文荟萃之地、商贾争占之埠、兵家必争之要。重庆又是一座具有悠久历史和光荣革命传统的历史名城，是西南地区开埠较早、城市近现代化程度较高、经济文化教育发展较快的特大中心城市。自然条件与历史文化的有机结合，造就了重庆独特的文化基因和城市之魂。

（一）历史演变

重庆的历史可以追溯到遥远的史前时代。重庆境内最古老的原始人是在巫山县庙宇镇龙骨坡发现的“巫山人”，迄今已有200余万年。从在巫山县大溪镇发现的新石器文化“大溪文化”推断，长江、嘉陵江带来的“舟楫之便”，使主要靠水生活的史前人类，在五六千年之前就开始在重庆沿长江两岸形成比较稠密的原始村落。

到了公元前11世纪，周武王封宗姬于巴，其范围大致包括今陕南、鄂西，湘西北、黔北和渝东一带。巴人质朴好义、艰苦耐劳、精明勇敢，主要从事农耕、狩猎、捕鱼、冶铜、制漆、酿酒、贩盐等业，在极为艰苦的生活条件下，他们垦荒种田、兴修水利、发展农业。这对川东地区，特别是大巴山一带经济文化的开发和发展起到了积极的推动作用。①

公元前 314 年，秦国在原巴国所辖之地置巴郡，并命张仪在此修筑城垣，建立军事堡垒，此为重庆筑城之始，也是重庆作为川东地区政治、经济区域性中心的开端。东汉末三国时期，蜀汉十分重视对江州和巴渝长江水道的经营，任命江州都护李严扩修城池。李严从军事角度考虑，将这次筑城的地址选在了

充满生机活力的现代化新重庆

① 重庆市人民政府办公厅、重庆市人民政府发展研究中心、重庆社会科学院编《重庆发展六一年（1949—2009）》，重庆出版社 2009 年版，第 25 页。

渝中半岛，渝中半岛在长江和嘉陵江汇流处，为山地地貌，三面环水，易守难攻。此后 1000 多年，渝中半岛一直是重庆的政治军事经济中心，被称为“重庆的母城”。

直至西晋时期，以重庆为中心的渝东川北地区，仍沿袭秦制设置巴郡，其统辖区域虽多有变化，但均以江州为治所。南北朝时期，由于国家分裂，战争频繁，重庆的隶属统辖也多次变化，先后置有荆州（311 年）、巴州（553 年）、楚州（557 年）。581 年隋朝建立后，改“楚州”为“渝州”（因嘉陵江又名渝水），下迄唐、前后蜀及北宋，重庆地区皆名“渝州”，且一直沿用到北宋末年，时间长达 500 余年。重庆至今仍简称为“渝”，即源于此。

北宋末年，改渝州为“恭州”，迄于南宋。南宋淳熙十六年（1189 年），宋光宗赵惇升恭州为重庆府。嗣后，重庆的名称一直沿用至今，已有 800 余年。

1235 年，蒙军兵分两路攻宋，东路下襄阳，西路出四川。作为两江之汇处、锁全川咽喉的重庆，在南宋政府抗元战争中地位凸显，为防止蒙军攻下重庆后顺江而下两面夹击南宋，南宋政府派彭大雅为四川安抚制置副使兼重庆知府，经略重庆防务。彭大雅借助嘉陵江沿岸的悬崖峭壁这一独特地势筑城，并把重庆城扩展到嘉陵江沿岸，大大增强了重庆的防卫能力。同时，彭大雅派遣大尉都统甘闰守合州（今重庆市合川区），并在钓鱼山修筑了钓鱼城，成为重庆抗蒙之前哨。

1251 年，蒙古可汗蒙哥亲率主力 4 万人南下攻宋，一路势如破竹，却受阻于钓鱼城，久攻不下。1259 年 7 月，蒙哥到钓鱼城下督战时，被城内发出的飞石所伤，于次月死于温汤峡。蒙哥去世后，蒙古大军被迫撤退，并引发了蒙古贵族之间长达数年之久的内讧，南宋王朝遂得以延续。嗣后，直到 1279 年南宋灭亡前，蒙古军队始终未能攻下钓鱼城。钓鱼城一战，既扭转了整个欧亚的战局，也改写了整个世界的历史，重庆军民在此战中为南宋王朝的延续作出了不可磨灭的卓越贡献。

元末明初战争频繁，重庆城池遭到了极大的破坏。明初，重庆卫指挥使戴鼎主持重修了重庆城，戴鼎依照山势砌城，以“金木水火土”五行确定方位，建成了象征“九宫八卦”格局的九开八闭共十七门的城池建造形态。此次筑城一直沿用至近代，并形成了重庆以城墙、城门为代表的城市文化。清政府沿袭了明朝旧制，仍于重庆地区设重庆府，经过清朝初期的休养生息，重庆的商品经济开始萌芽并得到初步的发展，逐渐从元明时期的军事重镇发展成为西南最重要的商埠城市，并为日后重庆城市的近代化和商业中心地位的形成打下了基础。

（二）三次直辖

1. 作为战时首都的首次直辖

1921 年中国共产党成立后，无产阶级开始登上重庆的政治舞台，新成立的中国共产党领导重庆人民进行了一系列反帝反封建的革命斗争和抗日救亡运动。这一时期，重庆的行政体制也发生了一系列变化。

1929 年 2 月，国民革命军第二十一军军长刘湘改重庆市政厅为重庆市政府，至此，重庆正式建市，定为省辖市（普通市），但鉴于重庆地位重要，即按特别市的规模分官设职并重划市区。1934 年 10 月 15 日，国民政府批示重庆市政府成立，定为乙种市。

1937 年全面抗战爆发后，南京国民政府在日本帝国主义咄咄逼人地进犯、首都南京岌岌可危的背景下，为免作“城下之盟”及坚持“长期抗战”，作出了迁都重庆的决定。1938 年 12 月，蒋介石率国民政府军事委员会抵达重庆，至此，党、政、军首脑机关及其所属各部，大都迁至重庆办公，中华民族完成了有史以来最大规模的一次政府首脑机关自东向西的大迁徙。随后，中共代表团迁抵重庆并成立中共中央南方局和八路军驻重庆办事处（兼新四军驻重庆办事处），各民主党派中央机关和主要负责人也相继抵达重庆，重庆成为国民党统治区政治、经济、军事、文化、外交、社会的统治中心和活动中心，成为以国共两党合作为基础、各党各派参与其中的中国抗日民族统一战线的重要活动舞台。

随着重庆政治地位的提升，经济文化事业迅猛发展，市区人口急剧增加。为更好地适应重庆作为“战时首都”的形势和需要，1939 年 5 月 5 日，国民政府决定改重庆市为行政院直属甲种市，这是重庆第一次成为中央政府直辖市。1940 年 9 月 6 日，国民政府发布了特定重庆为陪都的命令。国民政府定重庆为陪都，标志着重庆近代以来政治地位达到顶峰，同时也促进了重庆城市的近代化和国际化进程。

2. 重庆解放与第二次直辖

新中国成立前，为彻底消灭国民党残余势力，粉碎蒋介石割据西南的阴谋，党中央即着手筹划解放大西南事宜，决定派遣第二野战军和第一野战军贺龙兵团进军西南，并成立以邓小平为第一书记的中共中央西南局。

1949 年 11 月 1 日，中国人民解放军在北起长江、南至湘桂黔边境的千里战线上，向西南发起强大攻势，相继解放秀山、酉阳、黔江，突破乌江天险，于 11 月 24 日解放南川，洞穿重庆门户。11 月 26 日，刘伯承、邓小平向所属部队发出了“速歼长江南岸之敌相机占领重庆”的命令，兵分三路，由涪陵、南川、綦江向重庆市区合围，于 11 月 27、28 日相继攻克重庆外围的江津、顺江场、鱼洞等据点，随后向重庆主城进军，轻松突破长江防线。蒋介石见势不妙，于 11 月 30 日凌晨从白市驿机场仓皇逃亡成都。1949 年 11 月 30 日下午，中国人民解放军第二野战军第十一、第十二、第四十七军的 5 个营进入市区，重庆宣告解放。

重庆解放后，为加强军事管制，统筹经营西南，中共中央决定参照其他地区的经验，在西南地区实行大区一级的行政区划建制，改重庆为西南军政委员会直辖市。1951—1952 年，巴县、北碚市、綦江县、长寿县、江北县先后划入重庆市。至 1952 年 6 月，重庆市辖 5 区 1 县。1953 年，西南行政委员会在重庆成立，其后，中央决定重庆等 10 个行政区改为中央直辖市。这是重庆历史上第二次直辖。

西南党政军首脑机构中共中央西南局、西南军政（行政）委员会和西南军区均设驻重庆，重庆成为解放后西南地区唯一的直辖市和西南地区党政军首脑机关驻地。1954 年 6 月 22 日，中共中央作出撤销大区一级行政机构和合并若干省、市建制的决定，重庆市与四川省合并，由中央直辖市改为四川省辖市。至此，重庆的第二次直辖宣告结束。

3. 第三次直辖

1992 年初，邓小平同志在“南方谈话”中，对解决沿海地区同内地发展差距问题提出了设想。之后，党中央作出对外开放由沿海向沿江、沿边、沿线和内陆纵深推进的战略决策，并确定了重点开发长江的战略决策。开发开放浦东、兴建三峡工程则是实施这一战略的两项重大举措。从“九五”开始，中央更加重视内地的发展，把“坚持区域经济协调发展，逐步缩小地区发展差距”作为国民经济和社会发展的指导方针和战略任务，确立了中西部发展战略。横越东、中、西部，辐射人口达数亿的长江经济带是这一发展战略的载体，而重庆则成为中西部发展战略的绝佳支点。

重庆地处长江上游，云、贵、川三省交界处，是我国东部经济发达区和西部资源富集地区的接合部，在长江经济带和西南经济区中具有承东启西、左右传递的枢纽功能，这是重庆独特的区位优势。同时，重庆在西南地区又是重要的区域中心，经过抗日战争、“三线建设”的几十年发展，工业门类丰富，体系健全，已成为西南地区、长江上游的经济中心和交通枢纽。因此，将重庆从四川省中划出来，是20世纪80年代就提出过的构想。随着我国加快发展中西部战略的推进和三峡工程移民安置问题的提出，中央开始对重庆直辖进行审慎的评估研究。

1996年8月，中共中央、国务院经认真研究、反复论证，决定将重庆筹建为继北京、天津、上海后的第四个直辖市。为确保这一重大决策的顺利实施，9月，党中央、国务院批准了四川省委托重庆市代管涪陵市、万县市和黔江地区（以下简称“两市一地”）的请示。9月15日，重庆市正式代四川省对“两市一地”行使管理职能。

1997年2月27日，李鹏同志代国务院向全国人民代表大会提出了《关于提请审议设立重庆直辖市的议案》，指出“为了充分发挥重庆市作为特大经济中心城市的作用，进一步推动川东地区以至西南地区和长江上游地区的经济和社会发展，并且有利于三峡工程建设和库区移民的统一规划、安排、管理，同时解决四川省和所辖行政区域过大、不便管理的问题”，决定设立重庆直辖市。3月14日，该议案通过了全国人大八届五次会议的审议。6月18日，重庆市举行直辖市挂牌揭幕式。重庆直辖市的设立，标志着重庆的经济社会发展进入了一个新的历史时期。

（三）社会主义现代化新重庆

重庆直辖后，在党中央的坚强领导下，经济社会取得了日新月异的发展。特别是党的十八大以来，习近平总书记两次亲临重庆视察指导并对重庆提出系列重要指示要求，为重庆的发展指明了前进方向、注入了强大动力。

党的十八大以来，重庆紧紧围绕全面落实习近平总书记殷殷嘱托这条主线，认真贯彻党中央决策部署，立足新发展阶段，完整、准确、全面贯彻新发展理念，积极服务和融入新发展格局，聚焦国家重要中心城市、长江上游地区经济中心、国家重要先进制造业中心、西部金融中心、西部国际综合交通枢纽和国际门户枢纽等国家赋予的定位，充分发挥区位优势、生态优势、产业优势、体制优势，谋划和推动高质量发展，努力建设国际化、绿色化、智能化、人文化现代大都市。

新时代的 10 年，重庆坚持从全局谋划一域、以一域服务全局，持续打好三大攻坚战，深入实施“八项行动计划”，如期完成脱贫攻坚、全面建成小康社会的历史任务，告别延续千年的绝对贫困。经济结构加快转型升级，老工业基地焕发生机活力，形成全球重要电子信息产业集群和国内重要汽车产业集群，装备制造、生物医药、新材料等战略性新兴产业蓬勃发展，两江新区、西部（重庆）科学城建设高标准实施，以大数据智能化为引领的创新驱动发展深入推进，“智造重镇”“智慧名城”建设取得突破，高质量发展的引擎动力更加强劲。基础设施建设提速推进，高速公路通车里程突破 4000 千米，建成“一枢纽十干线”铁路网，“米”字形高铁网加快建设、在建和营业里程 1940 千米，国际航线达 109 条。内陆开放高地加快崛起，以中欧班列、长江黄金水道等为支撑的开放通道全面形成，中新第三个政府间合作项目以重庆为中心运营，对接“一带一路”的西部陆海新通道建设上升为国家战略，中国（重庆）自由贸易试验区建设务实推进，内陆国际物流枢纽和口岸高地正在形成。长江上游重要生态屏障加快建设，长江、嘉陵江、乌江干流水质总体为优，2022 年空气质量优良天数达 332 天，全市森林覆盖率达 55%。成渝地区双城经济圈建设扎实推进，滚动推动重大项目建设，协同推出“川渝通办”事项 311 项，加快建设具有全国影响力的重要经济中心、科技创新中心、改革开放新高地、高品质生活宜居地。

新时代的 10 年，重庆全市上下砥砺奋进、不懈奋斗，让重庆发生了令人鼓舞的深刻变化，发展质量提高了，生态环境改善了，城乡面貌变美了，群众获得感增强了，重庆站上了新的发展起点。

二、山水之城，美丽之地

“高下渝州屋，参差傍石城。谁将万家炬，倒射一江明。浪卷光难掩，云流影自清。领看无尽意，天水共晶莹。”高低错落的房屋、辉煌的万家灯火、波光粼粼的江面……这是清代诗人王尔鉴对重庆山水之美的描绘。

重庆中心城区依山傍水起伏生长，既是著名的“山城”，也是典型的“江城”。城市在发展扩张中与山水的融合逐渐紧密，形成了城中有山、山中有城、城在山中、山在城中、山城交融、立体多元的空间形态，建筑错落有致，交通立体多样，生活贴近自然。富有层次感的夜景、魔幻的洪崖洞……都让重庆屡上头条，这皆得益于重庆独特的地理特征。

（一）重庆地貌特征与“两江四岸”

重庆位于中国四大盆地之一——四川盆地的东部，地处大山大江的交汇处，北、东、南三面为盆周群山环绕，西面向盆地内部敞开，长江干流自西向东横贯重庆全境，嘉陵江、乌江等大河自北自南奔流而来，开高山辟深峡，造就了重庆独特的山水地理格局。重庆中心城区地处世界上最典型的褶皱山地，华蓥、铜锣、明月等 7 条背斜低山呈东北—西南走向纵贯全城，长江、嘉陵江在与这一条条山脉相遇后，仍奔涌东流，山水纵横交织，形成了两江、三谷、六峡、六岛、七脉的自然山水格局，孕育出岛、湾、沱、塘、坝、滩、泉等特色水文地貌与岭、崖、岗、坪、坡等特色山地地貌，造就了重庆城独一无二的山水生态基底。

重庆境内水系发达，江川纵横，流域面积超过100平方千米的河流有274条，超过1000平方千米的河流有42条。江与山相遇、水与岸交融，勾勒出“三山夹两槽”的立体轮廓；长江与嘉陵江交汇，刻画出重庆两江四岸的“城市会客厅”。

两江汇流下的渝中半岛

“两江四岸”是指长江和嘉陵江的四条江岸线，包括南滨路、长滨路、嘉滨路和北滨路，岸线共长394千米，沿江腹地面积近231平方千米。核心区由长江、嘉陵江交汇区域的朝天门－解放碑片区、江北嘴片区、弹子石－龙门浩片区围合而成，是重庆最具标志性的城市区域。

两江交汇处的朝天门，是重庆最古老的一个码头，自古就是重庆重要交通节点和物资集散地。站在朝天门码头，眼前泾渭分明的江面既像是一个硕大的“鸳鸯锅”，又仿佛是一幅层层堆砌的油画。今天，一座“朝天扬帆”形象的来福士大楼拔地而起，与朝天门广场一起成为重庆新地标综合体。

江北嘴江滩公园是“两江四岸”的另一个代表性景点。傍晚时分，市民游客陆陆续续到此吹江风、观江景，隔江眺望“网红”景点洪崖洞。夜晚，江滩夜市人声鼎沸，拍摄洪崖洞夜景的人们亮着的手机汇成一片“星海”。这里本是两江枯水期消落带露出的一片天然沙滩、石滩，因临江亲水、柔沙细腻而被当地市民称为重庆版“马尔代夫”。如今通过改造升级，这里修建了亲水步道，种植了蓝花楹、垂柳、桂花等植物，成为人们休闲娱乐的生态公园。①

朝天门和江北嘴的发展变化是重庆市委、市政府开展城市有机更新和“两江四岸”治理提升的一个缩影。

党的十九大以来，重庆以新发展理念为指引，以“两江四岸”作为城市发展主轴推进城市有机更新，统筹江、岛、岸、城空间关系，修复生态水岸、营造亲水空间、提升滨江产业、传承历史文脉，朝着建设“望得见山、看得见水、记得住乡愁”的典范城市大步迈进。

2018 年，重庆市委、市政府出台《重庆主城区“两江四岸”治理提升实施方案》，吹响修复“两江四岸”打造山水之城升级版的号角。该方案提出，用 5 年左右时间，将重庆主城区“百公里两江四岸”打造成为“山水之城·美丽之地”城市品牌的典范，建成与国家中心城市、现代化大都市地位相适应的“山清水秀生态带、立体城市景观带、便捷共享游憩带和人文荟萃风貌带”。

在中心城区“两江四岸”整体提升规划上，重庆坚持人民城市人民建、人民城市为人民的理念，以社区为单元推进城市有机更新和品质提升，为广大市民和

---

① 张国圣、鲁元珍、李宏等：《两江奔涌，绘就山水之城人文底色》，《光明日报》2023 年 7 月 13 日。

游客打造高品质城市幸福美好生活新空间。优化城市整体风貌，加强城市规划设计，坚持山水、建筑、滩涂、桥梁和灯光一体打造，系统重塑山城江城现代化国际大都市风貌。坚持彰显历史底蕴和人文精神，抓好历史文化保护传承和活化利用，延续城市文脉，做到以文化人，让城市“颜值”更高、气质更佳。同时，放大城市特色优势，对标国际大都市，高水平抓好城市绿道和城市阳台等规划建设，提升滨江建筑品质和跨江大桥景观，优化城市天际轮廓线，提升夜景灯饰效果，一步一景，移步换景，打造具有山城、江城特色的城市景观，让山、水、城“高颜值”转化为城市发展“高产值”，不断增强城市的时代性和现代感。

（二）诗和远方的文旅融合

2023 年春节，外交部部长助理、新闻司司长华春莹在其海外社交平台个人账号上推介重庆。她写道，“位于中国西南的重庆，真的对游客非常友好。春节期间，游客络绎不绝，为了给游客提供更好的观光和拍照体验，这座城市多条道路、桥梁暂停通行”。在她附上的一段视频中，记录的正是洪崖洞景区旁边的千厮门大桥封闭交通，市民和游客们赏景、留影的片段。

能得到外交部发言人的认可点赞实属不易，这得益于重庆近年来不断提升旅游服务管理水平，打造良好的旅游环境。每到重要节假日，为了给游客带来更好的游玩体验，重庆便会让桥让路给游客。正是这样的热情“宠粉”，有力地提升了游客的体验感，也让重庆的知名度美誉度不断攀升，真正实现外地游客来重庆“行千里、致广大”。

依托独特的自然景观和丰富的文旅资源，重庆积极贯彻落实习近平总书记“绿水青山就是金山银山”的重要指示要求，加快推进文旅融合、实施创新发展，文化建设和旅游发展稳中有进、繁荣向好，以“诗”和“远方”的结合，让人们通过旅游获得审美上、心灵上、精神上的享受，达到“天人合一、知行合一”的境界。

山峡环拥的阿依河

近年来，重庆持续优化文旅融合发展环境，推进文化旅游产品业态和营运模式创新，建立和完善文化旅游公共服务一体化机制，探索旅游景区开发配套建设公共文化设施政策，完善文化旅游融合发展工作推进机制，多措并举推动文旅融合发展。

在整合文旅资源上，重庆联合四川省、国家发展改革委、文化和旅游部编制《巴蜀文化旅游走廊建设规划》，发起成立了巴蜀文化旅游推广联盟、川渝非遗保护联盟等，举办首届巴蜀合唱节等品牌活动，助力成渝地区双城经济圈建设。与湖北省共同推动渝鄂长江三峡区域旅游协调发展，连续两年举办长江三峡旅游一体化宣传营销大会，共推长江三峡旅游品牌提升和市场拓展，打造长江三峡国际黄金旅游带。

在推进世界知名旅游目的地建设上，重庆提档升级旅游景区，丰富优质旅游供给，培塑一批具有国际能级的龙头旅游景区和精品旅游线路，实现大数据、人工智能、5G 技术等与智慧旅游服务体系建设融合发展。聚合“两江四岸”演艺资源，打造富有巴渝特色的长嘉汇演艺集聚区。开拓了一批新型演艺空间，推出《印象武隆》《重庆 1949》《归来三峡》《烽烟三国》《雾重庆》《记艺・山城》等文旅驻场演出。建成西部国际传播中心，大力推介重庆特色文化，打造国际先进、国内一流的综合性传播专业平台，形成“1+3+41”的全市一体化国际传播矩阵，不断提升城市国际影响力、城市文化影响力、文旅产业竞争力。

在打造文旅品牌和市场营销上，重庆着眼全市“一区两群”协调发展布局，纵深打好“三峡、山城、人文、温泉、乡村”五张牌，着力打造“大都市、大三峡、大武陵”三大旅游品牌。积极参与实施中华文化“走出去”工程、中华文化海外推广工程等国家级项目，到境外重点客源市场举办一系列文化交流和旅游推介活动，重庆城市形象宣传推介连续两年亮相纽约时报广场新年倒计时活动。成功推出两季“双晒”大型文旅推介活动，开展“打卡巴渝美景”全媒体推介活动。

在这一套“组合拳”之下，文旅融合发展的成效开始显现。重庆先后被国际权威旅行杂志评为“世界十大旅游目的地”“全球十大最具发展潜力的旅行地”，成为全国首个播放量过百亿级的“抖音之城”，央视新闻报道重庆是“最宠游客的城市”。面向未来，重庆将继续围绕行千里、致广大的价值定位，推进文化和旅游深度融合发展，加快建设文化强市和世界知名旅游目的地。

（三）轨道交通——重庆城市新名片

“蜀道之难，难于上青天”，被大江大山分割的重庆城，以前交通十分不便。但是在城市现代化的进程中，交通科技的运用发展已经逐渐抹去了这些地理上的隔阂。这其中，最亮丽的名片当属重庆轨道交通。

重庆轨道交通形式多样，有穿楼而过的轨道列车、在晨雾中穿梭的“云海列车”、“开往春天的列车”……随着城市的变迁，轨道交通与重庆城市的地理、文化、风光不断有机融合，轨道交通已从单纯的交通工具向服务市民群众的

“开往春天的列车”

“平台”、展现城市魅力文化的“窗口”、彰显城市形象亮丽的“风景线”转变。

由于地貌独特，在重庆建地铁不仅要入地，还要建高架桥、要过江，建设成本高，需要大量资金。承建单位重庆交通开投集团经过深入调研发现，单轨的建设周期快，成本相对地铁较低，而且更符合重庆的地形，通过反复分析和比较论证，最终确定重庆更适合建设跨座式单轨形式的轨道交通。

但受制于地形原因，轨道交通从立项、资金到技术、建设，每走一步都很困难。除了单轨交通，还要解决好车辆、设备、技术等方面的引进问题，而且在单轨交通的建设和维护方面没有经验可借鉴。重庆交通开投集团的专家团队克服技术难题，收集了海量的测量、比对、绘图数据，不断摸索、钻研、总结，编制出《单轨道岔设备维护维修规程》。这一研究成果，为单轨道岔维护维修标准化作业建立了“风向标”。

2005 年 6 月 18 日，2 号线正式开通试运营，这是中国第一条跨座式单轨线路。此后，重庆打破国外对进口道岔设备的长期垄断，形成了完整的单轨产业链条，完成了从标准到研发、运营全链条的国产化，并支撑重庆建成国内首个单轨交通科技示范工程及单轨交通装备产业基地。

随着重庆轨道交通线网建设的逐步完善，轨道交通跨越长江、嘉陵江的桥梁数量也出现井喷式发展。比如，“两边跑汽车，中间跑列车”的鱼洞长江大桥，国内轨道专用桥中跨径最大的斜拉桥——高家花园轨道大桥，继李子坝站后重庆第二处“轨道穿楼”奇观的嘉华轨道专用桥，获得“詹天佑奖”的菜园坝长江大桥，世界第一座单轨交通专用跨江大桥——渝澳嘉陵江大桥……

这一座座轨道桥，串联起了重庆主城各区，激活了重庆区域的联动发展，从最初的“线”，到现在的“网”，从跨座式单轨、地铁，到市域铁路、云巴，再到 TOD（以公共交通为导向的开发），轨道交通不仅解决了市民出行问题，也推动着轨道交通的创新发展，重庆轨道交通也从最初的引进技术到如今设备国产化、对外输出、制定行业标准。

党的十九大以来，重庆轨道交通迎来了更大的发展契机。2020 年 5 月，重庆主城都市区工作座谈会要求，大力推进主城都市区内部各区互联互通，打造“一日生活圈”“一小时通勤圈”。

2021 年，国家发展改革委、交通运输部印发《成渝地区双城经济圈综合交通运输发展规划》。根据规划，未来，成渝地区双城经济圈将着力构建对外运输“一张网”，打造一小时交通圈、通勤圈，推动出行“同城待遇”、安检一体化、票制多样化等。到 2025 年，成渝地区基本建成“轨道上的双城经济圈”；到 2035 年，将全面建成现代化综合交通运输体系。

同年，《重庆市国民经济和社会发展第十四个五年规划和二〇三五年远景目标纲要》提出，建设轨道上的双城经济圈，科学规划干线铁路、城际铁路、市域（郊）铁路和城市轨道交通，完善多层次轨道交通体系。

这一系列的政策文件为重庆轨道交通营造了良好的发展环境，也助推重庆迈入世界级地铁城市行列。截至 2023 年，重庆市轨道交通运营线路共 12 条（段）、501 千米，位居中西部前列、全国第八。中心城区中部槽谷形成了“环 + 放射”轨道交通运营网络，并逐步自中部槽谷向东、西部槽谷延伸，覆盖机场、高铁站、综合枢纽、各大商圈等重要功能节点。①

“十四五”期间，重庆将锚定轨道交通在建及运营“1000”的目标，着力构建内外贯通、普快结合、多网融合的轨道交通体系，加快打造“轨道上的都市区”。

① 孙启凡：《重庆轨道交通从 0 到 500 的跨越》，人民网，http://cq.people.com.cn/n2/2023/0302/c365412-40321534.html。

三、两江交汇，文明共生

重庆历史源远流长，人文璀璨厚重，传统巴渝文化、明清移民文化、开埠建市文化、抗战陪都文化、革命文化、红岩精神、西南大区三线建设等不同时期的文化特征异彩纷呈，3000多年的历史文化汇流，让重庆这块沃土上文化英才不断涌现、文化艺术空前活跃、文化事业飞速发展，实现了对中华优秀传统文化的创造性转化和创新性发展。

（一）重庆历史文化的基础

产生于远古时代的巴渝文化和产生于近代时期的革命文化，相互连接，贯通始终，传承演化，共同构成了今日重庆历史文化体系的学理基础。巴渝文化、革命文化是在5000多年文明发展中孕育的中华优秀传统文化、在党和人民伟大斗争中孕育的革命文化和社会主义先进文化在重庆的具体表现形式。它们也是形成今日重庆人文精神和重庆人、重庆城性格特征的文化基因。[①]

① 周勇：《答“重庆文化之问”——对重庆历史文化体系的探讨》，《重庆日报》2018年8月10日。

1. 巴渝文化

“巴渝文化”是居于四川盆地东部，以重庆为中心的广大区域中存在的，从古代巴国、巴族以来，到近代时期的地域历史文化。巴渝文化是巴蜀文化的重要组成部分，是重庆的基础性文化形态。①

“巴渝文化”发端于200万年前旧石器时期早期“巫山人”及新石器时期“巫山大溪文化”，据《山海经》记载，以巫咸为首的“灵山十巫”在三峡腹心一带活动，巫山因此得名，这是巴渝文化的史前形态，也是巴渝文化萌芽的标志。随后建立的巴国历时 900 年左右，巴国人创造了冶炼、漆器、种植、酿酒、织布、殡葬、建筑等物质技术文化，武王伐纣成功后把巴人创造的乐舞改造成前歌后舞，这种歌舞到战国时在楚国流行，宋玉称之为“下里巴人”，标志着巴人在巫载国巫文化的基础上通过创新形成了独特的巴文化。

汉唐以来，巴渝文化快速发展，大大丰富了其内涵，形成了以墓群、寺庙、吊脚楼、军事设施、石刻为其物质形态，以川剧、荷叶清音、龙舞、花灯、版画、川江号子为精神形态的区域文化系统。

随着近现代中国社会形态的剧烈变化，巴渝文化也在西方政治、经济、文化冲击下发生着急速的演变。作为巴渝文化精髓的耿直、重义、团结、奋进在被重庆人民世代继承的同时，袍哥文化、陪都文化、红岩文化、移民文化等形态成为近现代巴渝文化创新的代表。

海纳百川，巴渝文化经过近现代新文化、新思想、新精神、新内容的渗透、融合，形态日益多样，内涵日益丰满，特色日益彰显，对中国传统文化的支撑力度也日益强势。

① 熊笃：《论巴渝文化十大系列》，《重庆大学学报》（社会科学版）2001 年第 4 期。

2. 革命文化

重庆是一座英雄的城市。革命文化、红色基因更成为这座城市最鲜明的特征。重庆的革命文化可以追溯到 1840 年鸦片战争。在实现中华民族伟大复兴的奋斗历程中，重庆人民勇于追求真理、挺立潮头、坚韧顽强、开放包容，特别是在中国共产党领导下，敢想敢干、不屈不挠、舍生忘死、屡仆屡作，为成立新中国建立了不朽功绩。

近代以来，重庆的仁人志士追随孙中山先生，投身民主革命，走在中华民族追寻伟大复兴中国梦的时代前列。重庆人民贡献了伟大的民主革命思想家邹容和革命纲领《革命军》，他们在孙中山的指导下成立了同盟会重庆支部，推动了资产阶级革命理论在重庆的传播和反帝反封建斗争的开展；领导了保路运动，促成了武昌起义，成立了蜀军政府，拥戴孙中山就任临时大总统。他们的呐喊与奋斗，在巴渝大地上吹响了追寻民族复兴梦想的前奏曲，启迪着一批又一批重庆青年，怀揣伟大梦想，投身更加波澜壮阔的革命征程。

20 世纪初，马克思主义开始在重庆传播。1920 年 3 月 12 日，中国最早的共产主义组织——四川省重庆共产主义组织在重庆创建；1924 年杨闇公、吴玉章创立了“中国青年共产党”；1926 年经中共中央批准，成立了中共重庆支部、中共重庆地方执行委员会，掀起了大革命高潮，领导了中国共产党人独立掌握革命武装，举行武装起义的最早尝试，得到党中央的高度评价。

1927 年大革命失败后，一批批重庆共产党人在血雨腥风中进行了不屈与顽强的抗争，杨闇公、傅烈、刘愿庵、穆青等大批共产党人英勇献身。1936 年，重庆救国会成立，再一次举起革命的旗帜，为抗日战争集聚革命力量，掀起抗日救亡新高潮。

抗战时期，周恩来同志受命带领中共中央南方局驻在重庆，维护了国共合作大局，为最终赢得抗战的胜利作出了历史性贡献。在这里，周恩来、董必武和南方局老一辈革命家创造和培育了红岩精神，这是中国共产党人精神谱系的重要组成部分和中华民族的宝贵精神财富。

1949 年，刘邓大军解放重庆，随后主政西南，打牢了执政基础，创新了加强党的建设，开创了西南地区稳定发展的新局面，为党从实践上到理论上最终完成从局部执政向全国执政的伟大转变，作出了重要的历史贡献。

（二）重庆特色历史文化

在不同的历史时期和历史环境中，重庆产生过三峡文化、移民文化、抗战文化、红岩精神，这是重庆历史文化的特色。它们在漫漫的历史长河中发挥着独特的作用，至今仍是重庆历史文化中最具特色的因素，发挥着核心竞争力的作用。

1. 三峡文化

三峡文化是以中华传统文化为基础、以长江三峡独特的自然景观为载体而产生的优秀传统文化群落，是中华民族优秀传统文化的重要组成部分和宝贵财富，是重庆独特的文化形态。

三峡是我国古人类的发祥地，文明一直薪火相传，兼收并蓄。春秋时期，巴、楚文化由于巴人和楚人杂居而不断融合，形成了崇尚勇武的尚武风气，以巫文化为主的原始宗教，独具特色的峡江习俗与艺术，以及忠勇刚烈、承担大义的牺牲精神。经过漫长岁月的积淀，三峡孕育出了巫文化、诗词文化、航运文化、民间艺术文化、石刻文化、宗教文化等灿烂多彩的文化特色与文化现象。从屈宋楚辞、汉代巴地民歌、魏晋时期的乐府诗，一直到唐宋时期，无数文人墨客云集三峡，留下了许多流传千古、脍炙人口的不朽诗篇。

在几千年的历史进程中，三峡地区有过多次的大规模移民，人口与社会几经变迁，发生了很大变化。人口结构的重大变化必然影响到社会与文化结构的改变。一方面，大批移民植根三峡地区，带来了许多新的生产、生活方式；但另一方面，由于三峡独特的生态人文环境，其基本精神仍延续下来，这使得三峡文化有很大的包容性。此外，三峡文化也在不断地与中原文化、关中文化、江浙文化、闽粤文化等相互融合，形成新的文化内容。可以说，三峡文化的发展，就是以其海纳百川的包容精神来实现的。①

三峡文化所内蕴的三峡精神，是中华民族的一种自强不息、甘于奉献的优秀品格。今天，三峡文化作为一种重庆本土文化，在“后三峡”的建设发展中也必将继续发挥不可替代的重要作用。

2. 移民文化

古往今来，重庆就是一座移民城市，移民是重庆最典型的特征，也是形成重庆人兼容开放性格特征的基因。

在渝中区古城墙东水门旁，湖广会馆静静伫立在长江边，如果你从滨江路前往解放碑，一定能看见这个琥珀黄的大型中式建筑群。

明末清初，四川历经战乱、饥荒、瘟疫、虎患，人口剧减。清政府鼓励外省移民入川垦荒，湖南、湖北、广东等地民众大举向四川移民。在“湖广填四川”移民浪潮下，重庆逐步繁盛，为共叙乡愁共同发展保障权益，各省移民陆续在城中设立会馆。湖广会馆正是在这一背景下修建起来的一座重庆移民文化丰碑。

历史上，重庆共有8次大规模移民，其中20世纪的两次移民对今日的重庆影响最大。

第一次发生在抗日战争时期。抗日战争全面爆发前，重庆城市人口为40余

① 李禹阶：《走向明天的三峡文化》，《光明日报》2013年7月29日。

万。抗日战争全面爆发后，约有1000余万人口西迁至大后方，仅重庆一地就达百万之众。据统计，迁入重庆地区的高校共计31所，几乎占全国的一半；移居重庆的包括中华全国文艺界抗敌协会、中央研究院、中国科学社生物研究所等在内的全国性机构和文化学术团体有数百家；在重庆的报社、通讯社达200家以上，约占全国的一半；经审查注册的出版、发行机构达400多家。这些机构和大批文化精英的到来，为重庆这座内陆城市带来了空前的活力。抗战结束后，虽然重庆人口规模有所萎缩，但仍然保持在百万左右，依旧是西南地区政治经济文化中心。

第二次发生在新中国成立后开展三线建设时期。由于重庆是三线建设地区范围内最大的中心城市，这期间，从北京、上海、浙江、江苏等地内迁了一批工厂和科研机构，包括交通运输、建筑等部门，涉及兵器、船舶、电子、航天、冶金、化工、机械等多个工业项目。粗略估计，迁入职工及家属总数超过20万人。这批项目和人才的到来，增强了重庆市的经济实力，形成了新的经济格局，促进和推动了重庆市支柱产业的形成和发展。

在三线建设中，逐步形成了“艰苦创业、无私奉献、团结协作、勇于创新”的三线精神，丰富了以爱国主义为核心的民族精神，成为中华民族宝贵的精神财富。三线精神也与“两弹一星”精神、载人航天精神、抗洪救灾精神等一起，作为新时代大力弘扬的民族精神、中国精神的重要组成部分，为全面推进中华民族伟大复兴提供着源源不断的精神力量。

3. 抗战文化

“敌人要将我们过去的文化中心变为文化落后的区域，而我们则要将过去的文化落后区域变成文化中心……集全国优秀作家的力量，我们相信是能够将闭关锁国的西蜀——以至整个西南的文艺状态，推动到蓬勃发展的道路上去的。”

这是 1938 年中华全国文艺界抗敌协会理事、诗人冯乃超写下的一段话。写罢，冯乃超从即将沦陷的武汉赶赴重庆。抗战期间，老舍、郭沫若、巴金、冰心、曹禺、艾青等数百名文化名家从全国各地奔赴重庆，他们也把中国现代史上水平最高的文学、戏剧、电影、美术和音乐带到了山城的大街小巷。他们讴歌爱国情怀，痛斥日本侵略者，浓墨重彩地描绘出中华民族的战斗与不屈。正因为如此，重庆得以从西部一隅变为全国的政治文化中心，抗战文化也成为重庆文化的标杆。①

随着第二次国共合作以及中共中央南方局成立，为重庆抗战文化中心的形成奠定了重要的政治基础。国共合作形成后，国民政府改组军事委员会，成立政治部，周恩来任副主任。政治部下设第三厅，专事文化宣传工作，由郭沫若任厅长。同时，1939 年 1 月，中共中央南方局在重庆成立，以八路军驻渝办事处这一公开合法的名义开展工作。由于周恩来同志特殊的身份，实际上，第三厅是由中共中央南方局直接领导的。正是这个因素，大批文化名家和文化机构西迁入渝后迅速掀起抗战文化热潮，使重庆抗战文化发展迅猛，将大后方抗战文化推向高峰。

其间，在中共中央南方局的领导下，《新华日报》《群众周刊》等报刊旗帜鲜明地宣传党的主张，在宣传抗战、服务抗战和争取民主进步的斗争中发挥了重要作用。中共中央南方局通过第三厅、文化工作委员会、全国抗敌文协、中苏文协等合法组织，团结文化界最广大的人士，深入开展文化运动和抗日民主运动；引导和支持学术理论界开展学术研究；积极宣传马列主义、毛泽东著作，批判法西斯反动理论和批评唯心主义的世界观；等等。由此促成重庆抗战文化运动高潮迭起，空前繁荣，使重庆抗战文化发挥了巨大作用。

今日重庆的文化成就，得益于抗战期间积累的深厚的文化基础。正是在中

① 强雯：《抗战文化　重庆文化史上的一座高峰》，《重庆日报》2015 年 8 月 5 日。

国共产党的领导下，大批文艺家的辛勤耕耘，重庆的文化土壤才从“荒地”变为富饶的田野，他们创作的经典作品和作出的贡献影响源远流长，直至当代仍然值得挖掘。

4. 红岩精神

红岩，是抗日战争时期和解放战争初期中共中央南方局领导机关所在地和重庆谈判期间中共代表团驻地。全面抗日战争时期，在条件极其恶劣、斗争复杂尖锐、党性考验严峻的情况下，以周恩来同志为代表的中共中央南方局在发展和壮大抗日民族统一战线的斗争中培育和形成了红岩精神；解放战争初期，

中共中央南方局和八路军驻重庆办事处旧址

在抗战胜利后的重要历史转折关头，为了国家前途和民族命运，毛泽东同志率领的中共代表团在重庆谈判斗争中丰富和发展了红岩精神；解放战争后期，面对敌人的威胁利诱，在极其艰难的条件下，以江竹筠、王朴、陈然等同志为代表的英烈群体在狱中斗争中进一步锻造和凝结了红岩精神。

红岩精神是中国共产党在国民党统治地区革命实践中形成的革命精神，有着丰富的内涵，集中体现为：坚如磐石的理想信念、和衷共济的爱国情怀、艰苦卓绝的凛然斗志和百折不挠的浩然正气。

在国民党反动派实施的白色恐怖下，一大批共产党人置个人安危于不顾，把天下兴亡的责任担在肩上，为革命奉献自己的全部力量，甚至不惜牺牲生命，展现了坚如磐石的理想信念；以民族大义为重，以人民利益为先，始终坚持党的群众路线，广泛团结国统区抗日民主力量，积极巩固和扩大抗日民族统一战线，展现了和衷共济的爱国情怀；创造性地贯彻执行党的抗日民族统一战线，与国民党的妥协投降势力作坚决斗争，狱中同志经受住酷刑的折磨和高官厚禄的诱惑，坚持斗争到底，在生命即将走向终点时用鲜血和生命总结出“狱中八条”，展现了艰苦卓绝的凛然斗志；众多被关押在渣滓洞、白公馆的中国共产党人，“粉身碎骨浑不怕，要留清白在人间”，坚持操守、宁死不屈，展现了百折不挠的浩然正气。①

党的十八大以来，习近平总书记多次高度评价红岩精神并作出了一系列指示要求。2016年1月，习近平总书记视察重庆，强调红岩精神最重要的就是“坚如磐石的理想信念”；2018年3月，在全国两会期间参加重庆代表团审议时他强调，要经常想一想红岩先烈们的凛然斗志、英勇气概；2019年4月，习近平总书记视察重庆谈到红岩精神时再次强调“坚贞不屈、永不叛党”和“不折不挠、宁死不屈”。

① 人民日报评论员:《弘扬红岩精神，赓续红色血脉》,《人民日报》2021年10月21日。

习近平总书记对红岩精神作出的系列重要指示批示，为重庆落实红岩精神指明了方向。重庆坚持用好红色资源、传播红岩精神，有力激发了重庆人民自信自强、踔厉奋发的精气神，培养了一大批担当民族复兴使命的时代新人，让红色基因、红色传统代代相传，让红岩成为新时代广大干部群众的精神殿堂、精神家园、精神高地。

四、结语

习近平总书记指出："中华优秀传统文化是中华文明的智慧结晶和精华所在，是中华民族的根和魂，是我们在世界文化激荡中站稳脚跟的根基。"① 回顾历史，支撑我们这个古老民族走到今天的，支撑5000多年中华文明延绵至今的，是植根于中华民族血脉深处的文化基因。

重庆历史文化是中华文明的重要组成部分，建城3000余年，得名800余年，底蕴厚重的历史文化让重庆创造了许多极具辨识度的文化形态，赋予了重庆优秀的人文精神内涵，也让重庆创造了璀璨的现代文明。这些历史文化和人文精神已经深深融入重庆人民的血液和灵魂之中，也是推动重庆经济社会发展进步的强大精神动力。

站在新时代新征程上，重庆将不断深挖中华优秀传统文化和重庆历史文化的文化内涵和时代价值，总结好、宣传好重庆文化内核，弘扬跨越时空、超越国界、富有永恒魅力、具有当代价值的文化精神，激活其内在的强大生命力，加强与各类文化的交流互鉴，繁荣发展文化事业和文化产业，讲好中国故事重庆篇章。

① 中共中央党史和文献研究院编《习近平关于社会主义精神文明建设论述摘编》，中央文献出版社2022年版，第236页。

第二章

把握新机遇 共谱新篇章

长期以来，党中央对重庆发展高度重视、寄予厚望。特别是党的十八大以来，习近平总书记两次到重庆视察，对重庆作出了一系列重要讲话和指示批示，为重庆的发展导航定向。2016 年 1 月，习近平总书记到重庆视察时提出：重庆是西部大开发的重要战略支点，“一带一路”和长江经济带的联结点（“两点”定位）；要把重庆建设成为内陆开放高地和山清水秀的美丽之地（“两地”目标）。2018 年 3 月，习近平总书记参加十三届全国人大一次会议重庆代表团的审议时，对重庆提出了“推动高质量发展”“创造高品质生活”的目标（“两高”目标）和营造良好政治生态的重要指示，强调“领导干部要讲政德”。2019 年 4 月，习近平总书记再次视察重庆，提出重庆要“努力在推进新时代西部大开发中发挥支撑作用、在推进共建‘一带一路’中发挥带动作用、在推进长江经济带绿色发展中发挥示范作用”。这为重庆在国家区域发展和对外开放格局中谋划了新的发展蓝图。

从全局看，以习近平同志为核心的党中央对重庆作出的一系列重大决策部署，作出共建“一带一路”、长江经济带发展、西部大开发等重大战略，为重庆高质量发展赋予了全新优势、创造了更为有利的条件，也使重庆战略地位凸显、战略空间拓展、战略潜能释放，带来诸多政策利好、投资利好、项目利好，极大提振市场预期、社会预期。重庆将抢抓机遇，充分认识和把握发展规律，在新一轮深层次改革和高水平开放纵深推进中，努力推动现代化新重庆建设，确保重庆各项事业始终沿着习近平总书记指引的正确方向继续前进。

一、立足“两点”，建设“两地”，实现“两高”

（一）找准“两点”定位

2000 多年前，西汉使者张骞从长安出使西域，开辟了丝绸之路。“丝绸茶叶陶瓷萃，商贾僧人行旅偕。异域驼铃风雨路，汉唐气象大胸怀”写出了我国与中东地区千年来的友好往来，生动描绘了古丝绸之路的繁华。

“无边落木萧萧下，不尽长江滚滚来”“大江东去，浪淘尽，千古风流人物”反映了长江在中华民族历史文化中的作用。

近年来，我国先后提出了“一带一路”倡议和长江经济带发展战略，两者相互衔接、相互支撑，形成了横贯东中西、连接南北方、对接国内外、带动全中国的新载体和新引擎。

重庆是“一带一路”和长江经济带的联结点，连接了欧洲、亚太和东盟三大经济圈，独特的区位优势让重庆取得了全方位的发展。

2022 年，重庆对共建“一带一路”国家（地区）进出口额达 2214 亿元，占我国进出口总额的近 30%。从 2017 年至 2022 年，重庆经西部陆海新通道与东盟进出口贸易额增长了 37 倍，达 135.6 亿元。全市口岸和重点枢纽周边集聚重点企业超过8000家，每年实现工业增加值超过2000亿元，市场交易额超过7000亿元。此外，重庆与共建“一带一路”国家结为国际友城、友好交流城市分别达31个和77个，国际“朋友圈”不断扩大。重庆通过与新加坡的向心合力推动，让中新互联互通项目成为“一带一路”国际合作的一张“金名片”。未来，重庆还将打造更多合作新名片，树立更多国际合作新样板。①

在推动长江经济带建设上，重庆深入贯彻习近平生态文明思想，把修复长江生态环境摆在压倒性位置，筑牢长江上游重要生态屏障，系统推进长江经济带生态优先、绿色发展。仅在2022年，重庆就完成历史遗留矿山和关闭矿山生态修复760公顷、国土绿化营造林500万亩、“两岸青山·千里林带”建设50万亩、石漠化治理74.5万亩。

重庆依托黄金水道推动长江经济带发展，不断完善区域合作机制，深化与沿线省市的合作交流，坚持在上中下游协同、融入构建新发展格局上展现新担当，多次承办、参与长江上游地区省际协商合作联席会，以智能制造、集成电路、生物医药等新兴产业为重点，加强与东部地区承接产业转移合作，策划园区合作共建。

重庆另一“点”的定位是西部大开发的重要战略支点。西部大开发战略有力地改变了西部地区贫穷落后的面貌，使西部地区干部群众实实在在地分享到了改革发展的丰硕成果。正是西部地区的迅速崛起，有效扩大了内需，极大缓解了资源瓶颈，为我国赢得了全局和战略上的主动。新形势下，深入实施西部大开发战略，拓展新的发展空间，将成为保持国民经济持续健康发展的重要支撑。

近年来，重庆按照习近平总书记的重要要求，积极探索可复制、辐射带动强的内陆开放经济形态。与西部其他地区共享开放资源，促进西部大开发战略

① 《“一带一路”新机遇，重庆如何通“陆”联“海”》，上游新闻，http://www.cqcb.com/shenyidu/2023-05-23/5269730_pc.html。

朝纵深方向推进、向均衡化方向发展。在这个过程中，重庆着重发挥两大作用。一是辐射作用。通过强化自身综合实力，辐射周边地区，坚持产业转移与技术创新相结合，优化产业空间布局，建立区域产业链条上下游联动机制，促进产业组团式承接和集群式发展。二是桥梁作用。利用“承东启西、左右传递”的区位优势，通过长江经济带建设和西部大开发这两大战略的融合，统筹推进重大基础设施建设，利用各种合作平台加大开放力度，全方位集聚人流、物流、资金流和信息流，实现了跨区域、大范围、宽领域的合作。

（二）推进“两地”建设

建设内陆开放高地，建设山清水秀美丽之地，是习近平总书记站在全国大局，特别是在西部内陆开发开放的大局、“一带一路”建设的大局和长江经济带发展的大局中给重庆的目标任务，蕴含着习近平新时代中国特色社会主义思想体系中两个方面的重要内容：一个是形成全面开放的新格局，一个是抓好生态文明建设。

1. 建设内陆开放高地

把重庆建设成为内陆开放高地，主要目标任务就是不断提升重庆在区域经济发展中的集聚辐射能力，全面融入“一带一路”和长江经济带，在西部内陆地区带头开放、带动开放，为全国陆海内外联动、东西双向互济作出更大贡献。具体来说，就是要通过拓展开放通道，充分发挥长江黄金水道、西部陆海新通道等的作用，成为内陆国际物流枢纽和口岸高地；推进两江新区、重庆自贸试验区建设，提升开放平台能级，建设开放型经济高质量发展示范区；壮大开放主体，加强招商引资，培育引进一批优强企业；优化开放环境，打造国际化法治化营商环境，打造国际一流营商环境样板城市。

针对这些目标，重庆坚持从全局谋划一域、以一域服务全局，以开放倒逼改革，以高水平开放推动高质量发展。2022 年，重庆社会消费品零售总额达 1.39 万亿元；外贸进出口总值为 8158.4 亿元人民币，创下历史新高；实际使用外资稳中提质，新设立外商投资企业 268 家。

为了充分释放产业优势，建设全域推广的新模式，重庆整合全国跨境电商资源优势，在西洽会上举办了 2022 年中国（重庆）跨境电商交易会，累计培育认定 5 个跨境电商示范区，打造跨境电商全产业链。2022 年重庆跨境电商交易额同比增长 27.9%。

为培育国际贸易新生力量，重庆加快壮大国字号贸易载体。两江新区入选国家进口贸易促进创新示范区，重庆高新区成为首批国家加工贸易产业园。重庆获批的国家级外贸转型升级基地已累计达到 17 个，撬动 14 个区县外贸升级发展，涉及机电产品、农产品、纺织服装、医药、新型材料五大行业 13 个产品类别，基地企业总产值近 4300 亿元，基地特色产品进出口近百亿美元。

为营造良好的营商环境，重庆针对重点外资企业产业链供应链稳定的重要环节，加快完善稳外资“保障体系”，出台《重庆市建设高质量外资集聚地三年行动计划（2022—2024 年）》，明确加大制造业引进外资、设立外资研发中心、鼓励培育外资总部等支持措施。完善市、区县外商投诉中心和全国首个跨区域外商投诉协作机制，设立外商投资市场主体线上投诉协调专用通道，“线上 + 线下”联动加强外企服务保障。

现在，重庆在建设内陆开放新高地上又有了新目标：充分发挥超大规模国内市场和产业体系完备、劳动力素质高的优势，发挥好重庆自由贸易试验区、两江新区、西部科学城重庆高新区、重庆经开区等各类开放平台的作用，在高端制造和现代服务等领域，加密开展外资招商促进活动，大力推动标志性项目落地建设，加大吸引外国中小企业赴渝投资，加快塑造重庆参与国际经济合作和竞争的新优势，力争到 2025 年基本建成内陆开放高地。

2. 建设山清水秀美丽之地

2023年8月，重庆最新“颜值”报告出炉。《2022年重庆市山清水秀美丽之地建设监测报告》显示，2022年，全市大力实施国土绿化行动，推进“两岸青山·千里林带”建设，全市自然保护区58个，其中，国家级自然保护区7个。完成营造林面积33.33万公顷。森林覆盖率为55.0%，比上年提升0.5个百分点。全市建成区绿化覆盖率为42.5%，人均公园面积达16.33平方米。完成国家山水林田湖草生态保护修护工程试点，治理水土流失面积1617平方千米，水土保持及生态功能持续提升。全市地表水水环境质量达标率为99.3%，比上年提升4.3个百分点。74个国控考核断面水质优良比例为98.6%，高于国家考核目标1.3个百分点。城市集中式饮用水水源地水质达标率为100%。全市全年空气质量优良

薄雾笼罩下的周家山晨曦

天数为 332 天，蓝天白云已成为常态。[①]

重庆颜值越来越高，美丽之地建设加速推进。这一切都得益于党中央对重庆生态文明建设的谋篇布局和顶层设计。党的十八大以来，习近平总书记站在人与自然和谐共生的高度，针对重庆具有特殊而重要的作用和独特的生态优势，强调“要把修复长江生态环境摆在压倒性位置，共抓大保护，不搞大开发”，“筑牢长江上游重要生态屏障”，“坚持生态优先、绿色发展”。这一系列重要指示要求，体现了党中央对重庆生态文明建设一以贯之的高度重视，赋予重庆更大的责任和使命。

围绕落实中央的这些重要要求，重庆深入践行习近平总书记“绿水青山就是金山银山”的理念，走深走实产业生态化、生态产业化的路径，落实“共抓大保护、不搞大开发”的方针，加快推动发展方式绿色转型，生态环境持续优化，切实把重庆好山好水保护好，把江城山城建设好。深入打好污染防治攻坚战，持续加强大气、水、土壤等重点环境问题治理，环境污染防治工作取得积极成效。着力优化完善生态环境领域政策、投入等制度机制，为生态环保工作提供了强有力的保障和支持。

这些举措让重庆的生态屏障进一步筑牢，森林质量和国土绿化水平进一步提升，水资源保护进一步强化，水环境质量持续改善，大气环境质量结构更优，空气质量稳中向好，山清水秀美丽之地建设迈出坚实步伐。

（三）奋力实现“两高”发展

智能车间，生产线上的机器手臂有序挥舞；港口码头，源源不断的集装箱

① 重庆市统计局：《2022 年重庆市山清水秀美丽之地建设监测报告》，重庆市统计局网站，http://tjj.cq.gov.cn/zwgk_233/fdzdgknr/tjxx/sjjd_55469/202308/t20230809_12226757.html。

从世界各地汇聚；两江四岸，滨江公园传来欢声笑语……一幅山城高质量发展、高品质生活的画卷徐徐铺展。

2018 年 3 月，习近平总书记参加十三届全国人大一次会议重庆代表团审议时，希望重庆广大干部群众“努力推动高质量发展、创造高品质生活”。把总书记的殷殷嘱托全面落实在重庆大地上，成为重庆全市上下踔厉奋发、笃行不怠的主旋律和最强音。

抢抓战略机遇，厚植发展优势。重庆利用区位优势、生态优势、产业优势、体制优势，共建“一带一路”、推动长江经济带发展、新时代西部大开发、推动成渝地区双城经济圈建设等国家战略叠加，为重庆发展注入强大动力。

近年来，重庆加快建设现代化产业体系，紧盯高端化、智能化、绿色化方向，实施传统支柱产业提升行动和先进制造业产业集聚提升培育行动，深挖细分领域、优势赛道，优化产业布局、产业生态，建设智能网联新能源汽车、电子信息制造两大万亿级产业集群；推动现代服务业同先进制造业、现代农业深度融合，构建优质高效的服务业新体系，深化服务业扩大开放综合试点，以绿色金融改革创新带动西部金融中心建设，培育现代金融、商贸物流、工业设计等生产性服务业，扩大健康、养老、托育等普惠性生活服务供给，打造内陆现代服务业发展先行区。

做好“土特产”文章，实施千亿级优势特色农业产业培育行动，建设成渝现代高效特色农业带，促进农业全链条产业升级；推动数字经济和实体经济深度融合，实施制造业数字化转型行动、软件信息服务业“满天星”行动计划，加快提升“芯屏端核网”全产业链，大力支持企业“上云用数赋智”，积极推广智能化应用场景，高水平建设国家数字经济创新发展试验区和国家新一代人工智能创新发展试验区；推动企业主导的产学研深度融合。坚持以科技创新赋能产业发展，充分发挥科技型骨干企业引领支撑作用，积极推进高新技术企业和科技型企业“双倍增”，引导创新资源、创新服务、创新人才向企业加速聚集，促进科技、产业、金融、人才良性循环。[①]

持续增进民生福祉，推动高质量发展成果更好惠及人民群众是重庆一以贯之的理念。重庆牢固树立以人民为中心的发展思想，强化民生保障，深入实施惠民暖心优服行动，努力解决人民群众急难愁盼问题。在保障和改善民生上，落实落细就业优先政策，持续做好高校毕业生、脱贫群众、农民工等重点群体就业工作。稳步实施中等收入群体倍增计划，建立健全最低工资标准与经济增长、社会平均工资增长联动机制。聚焦解决教育、医疗、托育、养老等民生领域突出问题，建立民生项目清单，滚动推进重点民生实事，让改革发展成果更多更公平惠及全体市民。

同时，重庆深入实施城市更新提升行动和乡村建设行动，大力发展城市经济，统筹乡村基础设施和公共服务布局，启动实施城乡融合发展示范工程，加快构建城乡融合发展新格局，通过一系列民生举措，让人民群众拥有更好的教育、更稳定的生活、更满意的收入、更可靠的社会保障、更高水平的医疗卫生服务、更舒适的居住条件、更优美的生活环境。

（四）发挥“三个作用”

2019 年 4 月，习近平总书记亲临重庆视察并发表重要讲话，从战略和全局高度为新时代重庆发展导航定向，要求重庆“努力在推进新时代西部大开发中发挥支撑作用、在推进共建‘一带一路’中发挥带动作用、在推进长江经济带绿色发展中发挥示范作用”。这极大提升了重庆在全国大局中的战略地位。国内外市场对重庆发展的预期更强、信心更足，重庆及西部市场受到更多关注，各

---

① 胡衡华：《牢牢把握高质量发展这个首要任务　奋力推动现代化新重庆开好局起好步》，《学习时报》2023 年 5 月 17 日。

类发展要素和资源加快集聚，以重庆为代表的西部地区已成为投资兴业的乐土。

昔日一片荒地，崛起智能创新平台。重庆京东方光电科技有限公司厂房里，不见人影，但见机械臂上下挥舞，智能物流车来回穿梭。

2016 年 1 月 4 日，习近平总书记在这里考察时指出，创新作为企业发展和市场制胜的关键，核心技术不是别人赐予的，不能只是跟着别人走，而必须自强奋斗、敢于突破。

殷殷期许，坚定了京东方自主创新的决心。超薄、超清、可弯曲，全自主设计，第六代柔性屏 2021 年底在重庆两江新区京东方生产基地量产，已广泛应用于折叠屏手机和智能汽车等领域。京东方重庆区域近 6 年时间里累计申请专利近 2000 件，取得专利授权数增长超过 10 倍。①

抓创新就是抓发展，谋创新就是谋未来。以重庆京东方为代表的智能制造有力地助推重庆加快建设“智造重镇”“智慧名城”。特别是 2018 年以来，重庆连续举办中国国际智能产业博览会，习近平总书记三次发来贺信。智博会为重庆带来了大量落地项目，也让创新发展、智能制造融入城市发展的基因。重庆抓住发展契机，深入推进以大数据智能化为引领的创新驱动发展，围绕产业链部署创新链，围绕创新链布局产业链，推进科技创新与实体经济融合，大力推动制造业高质量发展，努力在主动服务和融入新发展格局中展现新作为，以期在推进新时代西部大开发中发挥支撑作用。

江水悠悠，顺流东下。重庆两江新区果园港，货轮靠岸，岸桥吊装，摆放齐整的集装箱方阵将码头装点得色彩缤纷。2016 年 1 月 4 日，习近平总书记来到果园港考察调研时强调，“把港口建设好、管理好、运营好，以一流的设施、一流的技术、一流的管理、一流的服务，为长江经济带发展服务好，为‘一带

① 王斌来、蒋云龙、刘新吾：《在发挥“三个作用”上展现更大作为》，《人民日报》2022 年 6 月 18 日。

一路’建设服务好，为深入推进西部大开发服务好”。

牢记习近平总书记嘱托，果园港干部职工撸起袖子加油干，立足一域带动西部、服务全局。目前，果园港已经成为西部地区的货物集散中心之一。2022年，果园港国家物流枢纽货物总吞吐量达2452万吨，其中集装箱量87.5万标箱，同比增长72.4%，占全市比重的67.7%。[①]

在建设好果园港和向东的长江黄金水道的同时，重庆还瞄准南、西、北三个方向，统筹铁公水空四式联运，构建内陆国际物流枢纽，着力在西部地区带头开放、带动开放。向西，与四川共育中欧班列（成渝）品牌；向南，重庆成为西部陆海新通道物流和运营组织中心；向北，常态化开行“渝满俄”班列，贸易市场进一步拓展……如今，重庆已是兼具港口型、陆港型、空港型3种类型国家物流枢纽的城市。

物流通道不断拓展，开放平台全面加速。重庆在推进共建“一带一路”中发挥带动作用越来越明显了。

滚滚长江东逝水，长江不仅是物流大通道，也是生态大动脉。重庆在建设长江黄金水道的同时，也坚持走生态优先、绿色发展之路。

2016年1月，习近平总书记在重庆考察时指出，要深入实施“蓝天、碧水、宁静、绿地、田园”环保行动，建设长江上游重要生态屏障，推动城乡自然资本加快增值，使重庆成为山清水秀美丽之地。

贯彻落实习近平总书记重要讲话精神，重庆一手抓生态修复，一手抓绿色发展，把学好用好“两山论”、走深走实“两化路”牢牢抓在手上，把“绿色+”融入经济社会发展各方面。据统计，从2016年至2021年，全市建成国家级和市级绿色工厂171家、绿色园区15个，单位规模工业增加值能耗累计下降21%，

① 杨永芹：《果园港通达全球　重庆“黄金水道”效应越来越凸显》，《重庆日报》2023年10月24日。

单位工业增加值用水量累计下降 61%。[①]

目前，重庆正大力发展循环经济、绿色产业和节能环保产业，推进国土空间规划和用途统筹协调管控、流域横向生态保护补偿等体制机制改革，上线全国首个覆盖碳履约、碳中和、碳普惠的“碳惠通”生态产品价值实现平台，组建全国首个区域性气候投融资产业促进中心，以实际行动积极在推进长江经济带绿色发展中发挥示范作用。

① 王斌来、蒋云龙、刘新吾:《在发挥“三个作用”上展现更大作为》,《人民日报》2022 年 6 月 18 日。

二、经济增长“第四极”——成渝地区双城经济圈

2020年1月3日下午，中央财经委员会第六次会议研究推动成渝地区双城经济圈建设问题。会议提出，要强化重庆和成都的中心城市带动作用，使成渝地区成为具有全国影响力的重要经济中心、科技创新中心、改革开放新高地、高品质生活宜居地，助推高质量发展。这是党中央站在新的历史交汇点上，经略西部广袤腹地、破解区域发展不平衡不充分的战略之举。自此，成渝地区双城经济圈建设正式上升为国家战略，这为两地带来了更为强劲的战略牵引力和政策带动力，前所未有地强化了成渝地区引领西部乃至全国高质量发展的使命担当。三年多来，成渝两地间迸发出前所未有的合作活力，“双核驱动”的高质量发展圈建设正在起步，西部迎来新格局。

（一）“双城记”的前世今生

成渝地区双城经济圈建设是习近平总书记亲自决策、亲自部署、亲自推动的一项国家战略，承载着党中央多年来对推动成渝一体化发展的殷切厚望。“罗马不是一天建成的”，如果自2005年国务院启动区域规划编制试点工作算起，成渝地区双城经济圈建设由区域发展规划上升为国家战略，走过了整整15年。

2005年，国务院在全国范围内选择了包括成渝地区在内的四个区域启动规划编制试点。经过几年的深度调研和反复论证，2011年出台了《成渝经济区区域规划（2011—2015）》，明确要求把成渝经济区建设成为西部地区重要的经济中心，这是关于成渝地区区域经济发展的第一部国家级规划方案。规划方案的出台，可以看作成渝区域规划的1.0版。此后五年时间内，区域内的城市合作呈现出你中有我的融合发展态势。成渝城市群之间大有你追我赶之势，实现了成渝经济区城市之间的优劣互补和良性竞争。但同时，成渝两地在整个城市群中GDP占比过大，挤压了其他中小城市的发展，成渝城市群出现了“哑铃式”的发展结构。

为了有效改变这一现状，2016年，国务院审议通过《成渝城市群发展规划（2016—2020）》（以下简称《规划》），着力打造成渝区域发展的2.0版。《规划》强调要以强化重庆、成都辐射带动作用为基础，以创新驱动、保护生态环境和夯实产业基础为支撑，建设引领西部开发开放的城市群，形成大中小城市和小城镇协同发展格局。《规划》既充分肯定了成渝两地经济的互补性，强化了二者相互支撑和带动的作用，也从顶层设计上合理引导产业布局，从而推进整个城市群从过去的“单独建立成都和重庆两个经济中心”的阶段，向“以中心城市为核心，发展中小城市群”迈进，进而在西部形成具有潜力的增长极。

又一个五年过去了，重庆和成都双核带动成渝地区协调发展的构想，正在逐渐从蓝图付诸实践。2020年，成渝地区区域规划正式进入3.0版本。中央财经委员会第六次会议提出，推动成渝地区双城经济圈建设，有利于在西部形成高质量发展的重要增长极，打造内陆开放战略高地，对于推动高质量发展具有重要意义。

从“成渝经济区”到“成渝城市群”，再到“成渝地区双城经济圈”，表述的变化不仅仅只是区域经济社会的快速发展，而且意味着成渝地区经济发展成效和目标定位的迭代升级：形成“高质量发展的重要增长极”，使成渝地区成为具有全国影响力的重要经济中心、科技创新中心、改革开放新高地、高品质生活宜居地。

中央作出建设成渝地区双城经济圈的战略决策，一个侧重点就是发挥成都、重庆两大都市的引领作用，升级产业结构，提高服务业尤其是金融、科技创新为代表的现代服务业的比重，而劳动密集型的产业向周边转移，让周边地区也能获得发展的机会，从而把四川和重庆全域带动起来，减少经济发展的落差，进而对西南地区和整个西部地区起到示范带动作用，为“一带一路”提供动力。

此外，区域发展除了中心城市的引领，还需要强劲的动力源。这方面成渝地区双城经济圈得天独厚，成渝地区有 1 亿人口，这 1 亿人生活水平的提高将形成一个巨大的市场，能有效扩大内需，形成高质量“内循环”，并承接东部沿海地区以及全世界的产业转移，从而带动整个西部地区的发展。

正是具备这些比较优势，成渝经济区才能脱颖而出，通过“三级跳”蜕变为成渝地区双城经济圈。这也意味着，以成渝为代表的西部地区，将在中国对外开放、打造内陆开放高地、优化国土空间结构的过程中扮演更加重要的角色。

（二）成渝地区双城经济圈为何成为中国经济增长“第四极”

2021 年 2 月底，中共中央、国务院联合印发的《国家综合立体交通网规划纲要》中提出，京津冀、长三角、粤港澳大湾区和成渝地区双城经济圈 4 个地区作为极，要加快建设高效率国家综合立体交通网主骨架，同时以这 4 个极来建设面向世界 4 大国际性综合交通枢纽集群。

这是成渝地区双城经济圈首次在国家重大规划文件中与其他 3 个发达城市群并列。成渝地区双城经济圈的第四极地位由此“官宣”。

为什么是成渝地区双城经济圈?

打开中国地图，京津冀、长三角、粤港澳三大经济圈由北向南，分布在东部沿海地区，成为改革开放以来引领我国经济腾飞的主要动力源。而在占国土面积 2/3 的西部地区，却一直缺少国家级经济圈的带动。

统计数据显示，京津冀、长三角、粤港澳三大经济圈用全国 2.8% 的土地聚集了约 18% 的人口，贡献了约 38% 的 GDP，而整个西部地区占据 71% 的国土面积，GDP 仅占全国的 20% 左右。广袤的西部地区需要一台动力强劲的增长引擎来拉动前行。

成渝地区如果能与沿海三大增长极连点成线，将形成一个占全国经济总量七成以上的巨大菱形空间，形成“北有京津冀，东有长三角，南有粤港澳，西有成渝”的中国区域经济格局，因此将极大地实现先进生产力的有效牵引，最大限度地覆盖及拉动西部地区的发展，有效破解我国长期存在的区域发展不平衡、不充分问题。

成渝能否担此重任?

从经济基础看，成渝地区拥有重庆、成都两个经济总量过万亿元的国家级中心城市，前者是直辖市，后者作为西部经济大省的省会城市，是国家高新技术基地。近年来，成渝发展势头强劲，2022 年成渝地区实现 GDP 7.76 万亿元，经济总量占西部比重超过 30%。在产业基础、基础设施、科研教育、对外开放等方面，成渝地区均在西部保持领先地位。例如，作为全球重要的电子信息产业基地，成渝地区已形成“芯、屏、器、核、网”世界级产业集群，产能约占全球 1/3，已成为全球电子信息产业链、供应链不可或缺的重要环节。

从区位优势看，成渝地区处于东西结合、南北交汇的中间地带，叠加了多项国家战略：是“一带一路”建设和西部大开发、长江经济带战略的交汇点，是打通西部陆海新通道建设的重要战略支撑，是国家推进新型城镇化建设的重要示范区……抓住了成渝这个关键区域，就能撬动整个西部，进而推动中国的区域协调发展。

从现实需要看，在西部广袤的土地上，城市的整体实力与东部沿海发达地区相比还有不小差距，单个城市往往难以担当起“西部引擎”的角色，更需要多个城市协同发力。重庆主城、成都的经济总量占到整个区域的50%以上，合计超过3万亿元，合体可以比肩北上广深，如果成渝独立发展、背向发展就不能撑起国家战略，构不成中国经济增长第四极。因此，按照“圈”来规划融合发展，变“隔空唱戏”为“二龙戏珠”，彻底改善成渝独立发展、背向发展的问题，全方位推动成渝合体，全面辐射带动区域，就成为建成中国经济增长第四极的根本路径。

2021年10月，纲领性文件《成渝地区双城经济圈建设规划纲要》（以下简称《纲要》）的出台为成渝地区双城经济圈建设提供了加速度。它标志着通过三个五年计划建成实力雄厚、特色鲜明的双城经济圈的国家战略正式拉开序幕。

《纲要》规划期至2025年，展望到2035年。按《纲要》设定的目标，到2035年，重庆、成都进入现代化国际都市行列，大中小城市协同发展的城镇体系更加完善，基础设施互联互通基本实现，具有全国影响力的科技创新中心基本建成，世界级先进制造业集群优势全面形成，现代产业体系趋于成熟，融入全球的开放型经济体系基本建成，人民生活品质大幅提升，对全国高质量发展的支撑带动能力显著增强，成为具有国际影响力的活跃增长极和强劲动力源。

当今世界正经历百年未有之大变局，新一轮科技革命和产业变革深入发展，国际分工体系面临系统性调整。我国已转向高质量发展阶段，共建“一带一路”、长江经济带发展、西部大开发等重大战略深入实施，供给侧结构性改革稳步推进，扩大内需战略深入实施，为成渝地区新一轮发展赋予了全新优势、创造了重大机遇。

在这样的背景下，推动成渝地区双城经济圈建设，符合我国经济高质量发展的客观要求，既是新形势下促进区域协调发展，形成优势互补、高质量发展区域经济布局的重大战略支撑，也是构建以国内大循环为主体、国内国际双循环相互促进新发展格局的一项重大举措。双城经济圈建设有利于在西部形成高质量发展的重要增长极，增强人口和经济承载力；有助于打造内陆开放战略高地和参与国际竞争的新基地，助推形成陆海内外联动、东西双向互济的对外开放新格局；有利于吸收生态功能区人口向城市群集中，使西部形成优势区域重点发展、生态功能区重点保护的新格局，保护长江上游和西部地区生态环境，增强空间治理和保护能力。

（三）1000多个日夜的“亮眼成绩单”

2023年6月26日，推动成渝地区双城经济圈建设重庆四川党政联席会议第七次会议在重庆璧山召开。距离第六次党政联席会，不过半年时间。这半年里，川渝两地正以更大力度、更快速度，相向而行。四川，把成渝地区双城经济圈建设作为现代化建设的总牵引；重庆，把成渝地区双城经济圈建设作为市委“一号工程”和全市工作总抓手总牵引。兄弟齐心，携手并进，成渝地区双城经济圈建设全面提速。

三年多来，川渝两省市坚持以习近平总书记关于成渝地区双城经济圈建设的重要讲话和指示批示精神为根本遵循，紧扣目标定位，深化党政联席会议、常务副省市长协调会议等合作机制，加快推动发展规划协同、产业迭代协同、社会治理协同。2022年，成渝地区双城经济圈实现地区生产总值77587.99亿元，占全国的比重为6.4%，三次产业结构为8.3:38.5:53.2，经济结构进一步优化；规模以上工业企业实现营业收入77044.12亿元，比上年增长3.9%；实现利润总额5916.46亿元，比上年增长6.3%，高于全国平均水平10.3个百分点；社会消费品零售总额 34460.14 亿元，占全国的比重为 7.8%……[①] 川渝大地正以“日日新”“又日新”的节奏，把《纲要》的“施工图”转化为无比动人的“实景画”。

1. 发展规划协同：出台“1+N”的规划体系

2022 年 9 月，重庆市政府和四川省政府联合印发《重庆都市圈发展规划》，重庆 21 个区县和四川省广安市被纳入规划范围。这是中西部第一个跨省域的都市圈规划，主要是通过基础设施互联互通、产业专业化分工协作、创新水平协同提升、公共服务共建共享、毗邻地区深度融合等创新性政策措施，进一步优化功能布局、提升发展能级，持续推进重庆都市圈一体化同城化发展，为全国培育壮大跨省域现代化都市圈探索经验、发挥示范。

《重庆都市圈发展规划》是川渝两地在规划系统发展中的一项重要成果。三年多来，川渝协商合作机制不断健全，7 次召开党政主要负责同志联席会议，联合办公室实体化、常态化运行，压茬推进重点领域和重点区域合作事项；川渝综合交通运输发展、多层次轨道交通、共建西部金融中心、建设科技创新中心、生态环境保护等规划和方案陆续印发实施；成都天府国际机场建成投用，成渝中线高铁获批，西部科学城（重庆）、西部科学城（成都）正式挂牌，这些都为两地的协同发展提供了不竭动能。

为了更好地发挥重庆、成都两个中心城市的协同带动作用，依托双核联动联建优势，川渝进一步优化区域发展格局，缩短“双核”时空距离，加快城市相向而行的步伐。

总面积 262 平方千米、规划范围包括重庆市渝北区和广安市邻水县部分行政区域的川渝高竹新区，是四川和重庆共同批准设立的全国第一个、目前唯

---

① 四川省统计局、重庆市统计局：《川渝协同持续深化　双圈建设提质增效——2022 年成渝地区双城经济圈经济发展监测报告》，四川省人民政府网站，http://www.sc.gov.cn/10462/c/05627/2023/4/3/03bef47985443608dfe27c6/d166a.html。

——一个跨省域共建新区。川渝高竹新区探索经济区与行政区适度分离改革，通过运行管理“同城共管”、规划编制“同城共融”、开发建设“同城共营”、资源要素“同城共保”、基础配套“同城共建”“五个一体化”，着力打造双城经济圈毗邻地区跨区域协同发展示范样板。

在高竹新区的引领下，重庆支持渝西地区打造成渝地区双城经济圈建设先行区；四川明确川中四市发展定位。推动遂潼川渝毗邻地区一体化发展先行区、资大文旅融合发展示范区、内江荣昌现代农业高新技术产业示范区正加快建设。同时，推动川渝万达开地区统筹发展、推动川南渝西融合发展总体方案获批，城宣万革命老区振兴发展示范区、明月山绿色发展示范带等加快建设。

更大的生活空间、更多的就业选择、更亲的人缘关系，一种区域协作的高水平新样板，正在成渝地区双城经济圈建设中显现。

2. 产业迭代协同：一体化构建创新体系

成渝两地都是工业重镇，加快构建现代化产业体系，推动制造业高质量发展，是双城经济圈建设的重要任务和使命。但川渝两地不沿边、不靠海，如何抓住发展机遇、促进产业转型升级？答案是摒弃同质化竞争、迈向一体化发展。

目前，成渝地区电子信息制造业集群建设和开展关键环节“备份”等 6 个事项被纳入部省（市）合作协议 2023 年度重点工作任务清单。两地还将开州工业园、自贡沿滩高新技术产业园区、长寿经济技术开发区等 35 个园区遴选为双城经济圈产业合作示范园区。

位于重庆市开州区的开州工业园和四川开江经开区，是双城经济圈首批产业合作示范园区。开州工业园的智能家居、生物医药和开江经开区的智能制造、电子信息四大主导产业深度合作，通过产业延链补链强链共建“万达开智能制造示范区”，在万州、达州和开州三地培育形成了先进材料、能源化工、食品医药 3 个千亿级产业集群。

发挥研发创新优势为企业智慧赋能，也是川渝两地的一致行动。由重庆长寿经开区、中物院成都科学技术发展中心、成都工物科云科技有限公司共建的川渝科技协同创新中心，发挥自身优势助力招商引资、科创服务和企业成长，中心建成一年多来已帮助长寿企业成功申报 7 个国家项目。

两地还加快搭建川渝装备制造产业高质量协同发展平台，推动成立双城经济圈智能输配电装备制造产教联盟；协同发展数字经济，布局建设天府数据中心集群和若干城市内部数据中心。此外，两地还实施了成渝科技创新合作计划，联合实施核心技术攻关项目 115 项，资金超过 1 亿元。开展川渝协作深化科研人员职务科技成果所有权或长期使用权改革试点，鼓励职务科技成果作为生产要素进入市场，两地技术合同成交额突破 2200 亿元。“重庆英才服务卡”“天府英才卡”6 项服务内容对等互认。

3. 社会治理协同：让双城经济圈“惠民有感”①

张女士是生活在重庆的成都人，她准备和老家的朋友合伙创办企业，但一想到要回成都办理相关手续又觉得很麻烦。最近她听说重庆（西部）科学城开通了川渝跨省通办业务，就前往咨询，没想到从提交资料到拿到营业执照只花了 2 个小时。“现在这效率确实太高了，太方便了！”张女士忍不住一个劲儿“点赞”。

这份“新鲜出炉”的营业执照，是双城经济圈深化“川渝通办”的缩影。2020 年以来，川渝两地分 3 批次发布 311 个事项清单，推动“川渝通办”从市场准入到全方位协同，促进公共服务均等化普惠化便捷化，让双城经济圈的高质量发展更加“惠民有感”。比如，川渝两地人社部门共同印发基本公共服务统一要素表，32 项试点服务事项实现“无差别受理、同标准办理”。试点先行

① 参见张国圣、李宏、黄汉鑫《唱好双城记　共建经济圈——重庆全力推进成渝地区双城经济圈协同发展》，《光明日报》2023 年 5 月 22 日。

养老保险关系转移资金定期结算，办理时限由45个工作日缩短到10个工作日。推动建立川渝地区首个跨省市社银一体化网点，实现63项人社业务24小时自助办理、92项人社业务单一窗口办理，最大限度让群众和企业“只跑一次”甚至“一次不跑”。

2020年川渝两地启动住房公积金一体化发展，三年来逐步实现了住房公积金缴存、提取、贷款等50余项信息实时在线共享，以及住房公积金缴存人贷款资格校验、贷款提取等18个“川渝通办”事项，目前已累计发放异地贷款近24亿元。高竹新区设立后，川渝两地还在新区设立了首个住房公积金跨区域服务实体专区，探索通过构建住房公积金统筹使用机制和资金融通使用模式，促进双城经济圈人才和资金要素合理流动。

良好的营商环境和广阔的发展空间，也促进了生产要素的高效集聚，加速了双城经济圈高质量发展。2023年以来，“川渝通办”日均办理业务近2万件次。接下来，川渝两地将坚持“川渝一盘棋”理念，加力谋划推进双城经济圈建设，加快成渝中部地区高质量一体化发展，打造带动全国高质量发展的重要增长极和新的动力源，为两地高质量发展注入新动能、拓展新空间。

三、一个更高水平的西部陆海新通道指日可待

西部陆海新通道位于我国西部地区腹地，北接丝绸之路经济带，南连 21 世纪海上丝绸之路，协同衔接长江经济带，不仅是物流通道，更是推动中国－东盟贸易往来的经济走廊。重庆位于“一带一路”与长江经济带的交汇点，是西部陆海新通道物流和运营组织中心，是西部陆海新通道和成渝地区双城经济圈的连接纽带。建设西部陆海新通道，对于重庆打造内陆开放高地具有十分重要的战略意义。

近年来，中央高度重视西部陆海新通道建设。习近平总书记多次作出重要指示要求，党的二十大报告也对建设西部陆海新通道作出安排部署。建设西部陆海新通道既是重庆肩负的重大使命、面临的重大机遇，也是新重庆建设的重要抓手，基础扎实、前景广阔、大有可为。

（一）努力当好西部陆海新通道“牵头人”

位于沙坪坝区的团结村铁路中心站，是中欧班列和西部陆海新通道在重庆的交汇点。2011 年，我国第一趟中欧班列从团结村中心站出发，这是中国内陆地区和“一带一路”沿线国家首次通过铁路运输“面对面”。2017 年，西部陆

海新通道首趟铁海联运班列从重庆出发，中国内陆地区首次通过铁海联运班列与东南亚国家“手握手”，这是西部陆海新通道铁海联运班列的前身。

2018 年 11 月，中国与新加坡正式签署《关于中新（重庆）战略性互联互通示范项目“国际陆海贸易新通道”建设合作的谅解备忘录》，将“南向通道”正式更名为“陆海新通道”。2019 年，国家发展改革委印发的《西部陆海新通道总体规划》(以下简称《总体规划》)，明确重庆为通道物流和运营组织中心，牵头建立省际协商合作机制。

为什么选择重庆作为西部陆海新通道“牵头人”？

这是因为西部陆海新通道辐射范围广，除了西部 12 省区市外，海南、广东等“出海口”，湖南、湖北等中部省份也能享受通道带来的发展机遇。但是，众多省区市参与同一通道建设时，容易出现各自为政，从而导致恶性竞争的情况。为了避免上述问题，自然得选择一个“牵头人”。

之所以选择重庆，与西部陆海新通道发展历程以及重庆区位有关。西部陆海新通道前身为“渝黔桂新”南向通道，是在中新互联互通示范项目的框架下，由重庆、广西倡议，并与新加坡积极合作开启的，重庆是通道的“主要创始人”之一。从区位来看，重庆是西部地区中心城市，处在“一带一路”和长江经济带的交汇点上，中欧班列、长江黄金水道等通道在此汇聚，在构建新时代全面开放新格局中具有重要战略地位。

基于上述原因，《总体规划》指出，通道要打造国际性综合交通枢纽，应充分发挥重庆位于“一带一路”和长江经济带交汇点的区位优势，设立通道物流和运营组织中心。

中央有部署，重庆有行动。

2020 年 6 月，重庆市委编委批准设立西部陆海新通道物流和运营组织中心，主要负责落实西部陆海新通道建设省际协商合作联席会议议定事项，协助对接国家有关部委推动落实有关工作，协助推进跨区域的运输通道运营组织等。自此，西部陆海新通道建设有了专门的工作机构。

西部陆海新通道建设实施以来，重庆在运行质量、省际合作、创新赋能等多个方面都在努力发挥带头作用，在推动通道发展的同时，也促进沿线地区更好地抓住通道带来的机遇。

在省际协作方面，重庆牵头召开多次省际协商合作会议，在省际联席会议机制领导下，重庆会同西部地区 12 省（区、市）、海南和广东湛江、湖南怀化建立了“13+2”省际联席会议机制。牵头会同沿线地区组建跨区域综合运营平台，15 个沿线海关在重庆签署《区域海关共同支持西部陆海新通道建设合作备忘录》。

在创新赋能方面，重庆开发国际贸易“单一窗口”西部陆海新通道平台，实现单证成本降低 50% 以上；搭建全国唯一的跨境金融服务平台西部陆海新通道融资结算应用场景，入选国家区块链创新应用试点等，综合服务水平有效提升。

未来，重庆将持续做好“通道带物流、物流带经贸、经贸带产业”的大文章，梳理通道沿线优势产业链图谱，深度挖掘和培育优势互补产业，形成“一省一策”与“一国一策”有效衔接，不断提升西部陆海新通道对地区产业链供应链的支撑作用。

（二）从“一条线”到“一张网”[①]

2023 年春节，一列满载印尼起酥油、越南香蕉干等“洋年货”的西部陆海新通道铁海联运班列正缓缓驶入团结村铁路中心站。来自东盟国家的土特产特

---

① 参见光明日报调研组《建设内陆开放高地跃上新台阶——重庆更好发挥在西部地区带头开放带动开放作用调研》，《光明日报》2023 年 2 月 16 日。

别紧俏，成了重庆人特别喜欢的“爆款”年货。根据西部陆海新通道物流和运营组织中心发布的数据，2023 年春节期间，西部陆海新通道发出的班列增加 50% 以上，到达的班列增加一倍以上。通过西部陆海新通道铁海联运班列，我国西部地区与东盟国家间的物流时间平均缩短了 6 天，每集装箱水果的运输成本降低了 2000 元左右。

降低运输成本得益于不断完善的交通基础设施网络。近年来，重庆织密通道综合立体交通网络，加快建设港口型、陆港型、空港型、生产服务型国家物流枢纽，创建商贸服务型国家物流枢纽，形成了多层级物流枢纽节点体系。

2022 年 12 月召开的重庆市委六届二次全会对西部陆海新通道又提出了“跳一跳，够得着”的新目标：统筹东西南北四个方向、铁公水空四种方式、人流物流资金流信息流四类要素，实施西部陆海新通道建设三年行动计划、推进国家多式联运示范工程、中欧班列（成渝）集结中心示范工程，继续拓展西部陆海新通道、中欧班列、长江黄金水道、渝满俄班列、江北国际机场等出海出境大通道……

2023 年以来，按照全会精神和市委要求，重庆加快建设西部陆海新通道“七大交通走廊”，包括重庆—北部湾走廊、重庆—滇中走廊、重庆—成都—拉萨走廊、重庆—兰西—天山北坡走廊、重庆—宁夏沿黄交通走廊、重庆沿长江交通走廊和空中走廊。

在港口运输方面，依托忠县新生港这个交通运输部批复的长江上游首个万吨级码头，2022 年车辆吞吐量超 7.5 万辆，2023 年预计将超 8 万辆，居长江上游滚装码头第一位。在空中走廊方面，重庆江北机场已有 14 条在飞国际货运航线，年国际货运总量和货值连续多年位居西部第一。在公路物流方面，重庆公路物流基地积极融入西部陆海新通道，跨境公路班车实现对东南亚国家的货运全覆盖，还拓展到了南亚和中亚，其中约 30% 的货源来自西部其他省份。

作为推动成渝地区双城经济圈建设的合作机制之一，川渝两地通过“枢纽集散＋干线直达＋多式联运”模式共同做强品牌。2021年1月1日，中欧班列（成渝）首趟列车发车，两年间开行便超过了5000列，开行量居全国中欧班列首位。

2017年，“渝桂新”南向通道首趟测试班列驶出重庆市沙坪坝区团结村铁路中心站，标志着西部陆海新通道正式开启了从“一条线”到“一张网”的嬗变。沿一条条“交通走廊”布局的物流枢纽，就是联“线”成“网”的重要节点。重庆五年内将建成江北国际机场货运站等一批货运重点基础设施和9个区域性物流节点设施、10个以上市外通道重要物流节点，建成和改造陆海新通道重庆无水港等，提升西部陆海新通道辐射带动对内对外开放的能级。

西部陆海新通道将世界市场“联”到了企业的“厂门口”，“联”到了居民的“家门口”。到2022年底，西部陆海新通道已辐射带动国内近20个省区市，运输网络通达119个国家和地区的393个港口，中欧班列（重庆）也在全国率先突破了1万列。西部陆海新通道铁海联运班列从最初只有北部湾港—重庆1条，发展到如今常态化开行北部湾港至重庆、四川、云南、贵州、河南、桂东、桂北7条，与中欧班列实现了无缝对接。从一条线到一张网，展示了陆海新通道良好的发展势头，也为畅通国内国际双循环注入了强劲动能。

（三）由“内外联动”向“辐射带动”转型①

随着西部陆海新通道建设加快推进，铁海联运班列开行规模稳步扩大，物流成本显著降低，辐射带动效应明显，为我国西南地区高质量发展和高水平对外开放装上了强劲引擎。现在，不少企业选择将自家产品由西部陆海新通道班列经钦州港销往东南亚以及欧洲、非洲国家，大幅降低了物流成本，缩短国际

① 参见光明日报调研组《建设内陆开放高地跃上新台阶——重庆更好发挥在西部地区带头开放带动开放作用调研》，《光明日报》2023年2月16日。

订单响应周期，提升了企业在海外市场的竞争力。

石柱县中益乡华溪村坐落在武陵山区，华溪村在脱贫攻坚和乡村振兴过程中，通过“公司＋村集体＋农户”发展了1200亩黄精，每年产量稳定在900吨左右。种植规模和产量上来后，如何拓展市场、提高产品附加值？重庆海关引导华溪人瞄准国内国际两个市场，指导当地的乡镇企业按出口标准建设黄精面条生产车间和生产线，还主动为每家企业量身定制出口方案。重庆华溪村黄精面业有限公司第一次做外贸，就拿到了来自东盟、欧美和非洲国家的2800万元订单。据测算，黄精深加工后出口，附加值能提高80%，仅出口一项，每年就能为企业增加产值1000万元，带动全村户均增收2000元。现在，村里许多人养成了天天关心国际新闻的习惯，不少村民笑称：“我们的‘饭碗’已经和好几个国家联系在一起了。”

华溪村这样的个案不在少数。近年来，重庆先后制定实施了加快发展外贸新业态新模式实施方案、外贸高质量发展三年行动计划、打造高质量外资集聚地三年行动计划，通过加大出口信用保险支持力度、常态化开展“三送一访”、针对“专精特新”企业开展个性化辅导和精准化培育等政策措施，不断拓展内陆开放的广度和深度。

在落实好市里的政策外，各区县也纷纷亮出了自己的独门绝活。两江新区构建“1+N”产业高质量发展政策体系，深度参与国际产业分工合作。搭建金融、会展、物流、信息等开放型功能平台，打造了中德、中意、中瑞、中日、中韩、中以等国际合作产业园，开放型产业体系和内陆开放门户的集聚效应逐渐显现。渝中区创新核心商圈“保税＋实体零售”新模式，加快建设多层次进口商品分销体系。2022年，全区共落地世界500强企业和重点外资项目60余个。

为什么西部陆海新通道能有这么大的辐射效应？

从国内来看，西部陆海新通道破解了西部地区物流难题，推动了区域协同发展。陕西、新疆的煤炭经陆海新通道运至重庆等地，保障了当地能源安全；

青海的纯碱经陆海新通道运至广西支持玻璃产业；广西的玻璃又经陆海新通道运至川渝支持汽车产业。

从国际来看，西部陆海新通道维护了产业链供应链安全，促进陆海内外联动。如今，从柬埔寨大米到泰国香水椰、山竹，以及越南百香果、榴梿，越来越多的东盟国家农产品通过陆海新通道进入中国市场，成为我国消费者餐桌上的“常客”。同样，我国的新能源、新材料、机电产品等采用通关一体化模式，向海关完成出口申报后，就可通过铁路和海运无缝衔接运往国外。

展望未来，《“十四五”推进西部陆海新通道高质量建设实施方案》提出，到 2025 年，实现东中西三条通路持续强化，通道、港口和物流枢纽运营更加高效，对沿线经济和产业发展带动作用明显增强的总体目标。西部陆海新通道将进一步帮助西部地区融入国际市场，推动“一带一路”建设，成为推动经济高质量发展的重要动力。

四、结语

进入新时代，面对错综复杂的国际形势、艰巨繁重的改革发展稳定任务，重庆市委带领全市人民迎难而上、攻坚克难，谱写了高质量发展新篇章。回顾取得的成绩，最根本的是有以习近平同志为核心的党中央坚强领导，有习近平新时代中国特色社会主义思想科学指引，最具战略指引意义的是，习近平总书记两次亲临重庆视察并对重庆提出系列重要指示要求，最具里程碑意义的是，党中央作出推动成渝地区双城经济圈建设的重大决策部署，为重庆赋予了战略使命、带来了重大机遇。

坚持“两点”定位、“两地”“两高”目标，发挥“三个作用”和推动成渝地区双城经济圈建设等重要指示要求，是习近平总书记对重庆的殷殷嘱托，为重庆经济社会发展提供了政治指引、根本遵循、动力之源。

站在新时代新征程新起点上，重庆将继续紧紧围绕把习近平总书记殷殷嘱托全面落实在重庆大地上这条主线，全面贯彻党中央决策部署，全面把握以中国式现代化全面推进中华民族伟大复兴的使命任务，自觉把重庆工作主动放到以中国式现代化推进中华民族伟大复兴的宏大场景中去谋划。系统谋划重大举措、重大改革、重大政策、工作机制，打造更多具有重庆辨识度的有形载体、有效抓手，取得新的突破性进展，形成更多标志性成果，实现整体性跃升。

纯真年代
宿餐

洪崖洞
HONGYA CAVE
北京烤鸭
全
聚
德

第三章

建人民城市 促共同富裕

重庆的城乡图景是《从你的全世界路过》里面充满着老式居民楼的十八梯，是《疯狂的石头》里穿梭在长江的过江索道和破破旧旧的交通茶馆，是《少年的你》里八边形的海棠溪筒子楼，是《火锅英雄》里的防空洞，是《变形金刚》里的武隆天生三桥，是《稻田守望者》里的盐井梯田，是《幺妹住在十三寨》里的土家十三寨和濯水古镇。由于特色的城市风貌和乡村风景，重庆的城和乡深受电影人的喜爱，常常成为电影场景的取景地。这些电影的片段也记录了重庆的城乡变化。

《疯狂的石头》拍摄于 2006 年，彼时的重庆遭遇了百年不遇的特大旱灾，发生了多起特大山火，綦江三角镇望石村农民的稻田颗粒无收。到《火锅英雄》拍摄时，时间已经过去了 10 年。这 10 年里，重庆百万三峡移民任务完成，重庆大学城从杳无人烟到熙熙攘攘，中国内陆第一个国家级开发新区两江新区在重庆获准成立，老旧的十八梯也完成了全部的征收拆迁工作。

2021 年底，电影《幺妹住在十三寨》在重庆黔江区开机拍摄之时，重庆又发生了翻天覆地的变化。新建的十八梯传统风貌街已经开街，在保留重庆老式居住风貌的同时，也带动了文化旅游经济。重庆自由贸易试验区正式挂牌，西部陆海新通道贯通了重庆的东西南北，重庆成为了内陆物流集散地。

重庆还成了一座旅游网红城市，除了“桥都”“雾都”等城市名片，又多了一个“8D 魔幻之都”。在过去的这些年，重庆的城乡有了大变化，重庆人民的生活也有了大变化。

人民城市是习近平总书记在城市建设实践基础上提出的重要理论创新，深刻回答了城市建设依靠谁、城市发展为了谁的根本问题，深刻回答了建设什么样的城市、怎样建设城市的重大命题。老旧小区改造、乡村振兴、智慧城市等都是重大的民生工程和发展工程，是改善群众居住条件、推进城乡发展的重要路径和举措，是坚持人民城市人民建、人民城市为人民的重要实践。

重庆高度重视城镇老旧小区改造工作，扎实巩固脱贫攻坚成果、推进乡村振兴、全力开展智慧城市建设，坚持党建引领基层治理，同步统筹基础设施建设和公共服务提升，推动老旧小区“旧貌换新颜”、农业农村农民现代化、城乡发展智慧化，老百姓生活不断从“住有所居”向“住享乐居”迈进。

一、面子里子齐改善，老旧小区焕新颜

老重庆有一首民谣，“重庆城，两座城，上半城，下半城，爬坡坡，梭坎坎，上上下下走死人”。来重庆旅游的人都会去坐一坐长江索道，而长江索道门口的新华路就是重庆上下半城的分界线。到达熙熙攘攘的解放碑，再在各式各样的高楼大厦之间来回穿梭就能够找到长江索道的新华路入口，买上一张索道票，先乘电梯到索道平台，待缆车从对面缓缓进站停稳后一跃而上，随着缆车的启动，映入眼帘的就是重庆母城的下半城。没有了熙攘的人群，没有了摩天大楼，没有了五颜六色的店铺招牌，有的只是一排排低矮破败的房屋，在上半城的喧嚣繁华之下，早年下半城低矮破败的景象似乎有点格格不入。

谁能想到，这样一个寸土寸金、顶级闹市区的背后却有着一个类似于“贫民窟”的地方。但对于重庆来说这样的场景并不少见，尤其是在渝中、沙坪坝、九龙坡这样的老城区，散落着大量的老旧社区、老旧小区。这些老旧小区记录着重庆的生长发展，却也在重庆的城市进程中被逐渐湮没。

提到老旧小区，脑海里常常浮现这样一个画面：插空乱停的车辆，空中缠绕的线路，年久失修的建筑，一下雨就堵塞的下水道以及普遍的私搭乱建。城市中的老旧小区大多建于20世纪八九十年代，建筑物已然老化，公共配套设施不齐全，也没有物业管理，偷盗、犯罪事件常有发生。对于城市管理者来说，是一个棘手的存在。而重庆老旧小区的情况似乎更加复杂。重庆作为一个山城，

70% 都是山地，高楼大厦、住宅小区、交通路网都是依山就势而建，高低不平、跌宕起伏。正如重庆的上下半城，高差可达 50 米左右。且老旧城区内楼宇之间间距较小，建筑形态各异，公共空间碎片化，可识别性差、可达性不足。城市管理提升的难度相当大。

2018 年习近平总书记参加十三届全国人大一次会议重庆代表团审议时，希望重庆广大干部群众“努力推动高质量发展、创造高品质生活”。老旧小区的居民既是城市的建设者，也理应享受城市发展带来的红利，过上高品质的生活。但老旧小区却常常只能和“脏”“乱”“差”联系到一起，和高品质生活似乎难有关系。2019 年 6 月 19 日，李克强同志主持召开国务院常务会议，就推进城镇老旧小区改造工作进行了部署。2019 年 7 月 30 日，习近平总书记主持召开中央政治局会议，分析研究当前经济形势和经济工作，再次强调要“实施城镇老旧小区改造”。

改造后的九龙坡区红育坡片区

为了改善老旧小区的人居环境，提升居民生活品质，重庆积极响应中央政策，大力开展老旧小区改造工作，在过去的几年里也取得了一定的成绩。如今再坐长江索道，原来脏乱破败的区域已经大大减少，灯火璀璨的十八梯连接着重庆上下半城，延续着的还有上半城热闹的人群和络绎不绝的车辆。但更新改造并不是一蹴而就，从试点到铺开，从物理空间改造到完整社区，从“要居民改”到“居民要改”，重庆走过了一个个弯路，迈过了一个个坎，个中曲折正如山城的路跌宕起伏。

（一）从“零星试点”到“全面铺开”

党的十八大以来，以习近平同志为核心的党中央坚持以人民为中心的发展思想，高度重视城镇老旧小区改造工作。2017 年 12 月，住房城乡建设部在福建省厦门市召开老旧小区改造试点工作座谈会，部署推进老旧小区改造试点工作，并计划在 15 个城市开展老旧小区改造试点。重庆虽然不在此次试点范围之内，但第一时间响应中央号召，开始思考探索重庆的老旧小区改造工作，并在主城范围内选定了 4 个小区作为第一批试点的老旧小区。

沙坪坝区灯头小苑便是这 4 个试点小区之一。2017 年，灯头小苑还叫作灯头厂小区，原是重庆市灯头厂职工宿舍，修建于 1980 年，共 5 栋 15 个单元。随着灯头厂破产倒闭，原本“高大上”的楼院变成了无人管的老旧小区。“你不要说外面的人，就连我们自己看着都觉得差劲。”作为苑里的“老人”，在小区住了 30 年的张大爷对灯头小苑的落寞心有唏嘘。多年来，小区一直无物管，房屋年久失修，设施也老化破败。不仅没有休闲活动场所，也没有停车的地方。通信线路凌乱、杂物乱堆、路灯不亮、胡乱张贴……这一张张的老旧“名片”让居民们旧房改新房的愿望越来越迫切。2018 年 3 月，沙坪坝区将老旧小区改造纳入十大民生实事之一，并启动实施了灯头厂家属区老旧小区改造提升示范项目。改造后的灯头小苑翻修一新，不仅居民楼重新进行了粉刷，曾经坑坑洼洼的路面也铺上了沥青。居民楼下的空地全都进行了硬化，还加装了健身器材、晾衣竿等配套设施，道路边上也规范了停车位，就连小区大门，也装上了扫码进出的关口和车闸。在灯头小苑居住了十多年的易大哥，谈起灯头小苑的变化，笑着说“我在灯头小苑租了十几年的房卖豆腐，以前房子比较破烂，整治后，小区一改往日，秒变‘高颜值’，现在小区整洁干净，更加宜居美丽！”①

在主城区老旧小区改造试点的经验下，2019 年 7 月重庆市住房城乡建委、发改委、财政局联合印发《重庆市主城区老旧小区改造提升实施方案》，全面部署老旧小区改造工作，对老旧小区改造的主要内容、指导标准、实施途径及长效机制等作出了全面具体规定。2020 年 6 月，经市政府同意，市城市提升领导小组办公室印发了《重庆市全面推进城镇老旧小区改造和社区服务提升专项行动方案》。同年 7 月，国务院办公厅印发《关于全面推进城镇老旧小区改造工作的指导意见》。有了中央政策的精神指引，重庆老旧小区改造工作全面铺开。2021 年 8 月重庆市人民政府办公厅印发《关于全面推进城镇老旧小区改造和社区服务提升工作的实施意见》，进一步明确了工作要求、目标任务，细化工作措施，着力解决好居民最关心最迫切最直接的事。时任重庆市委书记陈敏尔在区县调研时多次强调“实施老旧小区改造是落实以人民为中心发展思想的具体行动，是加快补齐城市发展短板、提升城市功能品质的重大举措”。

为了更好地推进重庆城市更新工作，2022 年重庆出台《重庆市城市更新提升“十四五”行动计划》，明确在未来五年内要实现“城镇老旧小区改造达 1 万亿平方米”。这并不是一句简单的口号，截至 2022 年底，重庆已启动改造城镇

① 张馨月、陈美西、王庆炼：《沙坪坝灯头小苑：老旧小区“改”出幸福生活》，上游新闻，http://www.cqcb.com/county/shapingba/shapingbaxinwen/2019-12-26/2063894_pc.html。

老旧小区3993个，共计9227万平方米，惠及居民99万户。2023年，重庆市新开工改造城镇老旧小区2069个，涉及4507万平方米。[①]此外，重庆老旧小区改造工作还得到了中央部委的肯定。2023年6月，住房城乡建设部印发第七批城镇老旧小区改造可复制政策机制清单，北京市石景山区、重庆市永川区等9个城市（区）29项政策机制获住房城乡建设部肯定并向全国推广，其中重庆永川区老旧小区改造6项政策机制入选政策清单。老旧小区改造已经实现规模化、秩序化推进。

（二）从“物理空间”到“完整社区”

从2018年至2019年重庆老旧小区改造还处在摸索阶段，重庆市住建委围绕配套设施、周边环境、房屋本体、管理规范4个方面，提供了改造提升指导标准，以“菜单”的形式供居民自主选择。但由于资金的限制和改造经验不足，试点小区的改造主要还是以物理空间优化提升为主，同时依据小区的情况选择合适的物业管理模式。2021年，依托中央出台的老旧小区改造政策，重庆市人民政府办公厅印发的《关于全面推进城镇老旧小区改造和社区服务提升工作的实施意见》将老旧小区改造分为了基础类、完善类和提升类，要求落实基础类改造内容，结合管理提升需求，统筹安排完善类、提升类改造内容，以“硬设施+软环境”一体化推进的方式，补齐基础设施、公共服务配套、管理服务短板，着力打造“完整社区”。

完整社区，说起来容易做起来难。重庆渝中区一名老旧小区的住户就提出因预算有限，小区改造只能优先改造居民生活最需要的项目，而一些有助于提高居住环境的改造内容，如花园、纳凉亭等，只能待筹足资金后，另行修建。

① 《今年重庆计划改进2069个老旧小区》，《重庆日报》2023年3月22日。

为了实现完整社区的目标，重庆市政府想尽办法解决各类难题。其中，积极引入社会资本参与就是一项重要举措。在重庆市政府的努力下，龙湖、新大正、东原等十余家龙头企业参与了重庆老旧小区改造或运营，帮助缓解了改造资金、专业技术、规划建设等困难。沙坪坝区石井坡街道中心湾社区残疾人、老年人家中安装了浴室扶手、坐便马桶、感应地灯，团结坝社区的康养跑道，双凤桥街道宏锦路社区龙凤花园小区的健身设施、照明系统等，都有赖于龙湖集团助力重庆老旧小区改造的公益项目。[①]

资金问题是一方面，碎片化的公共空间又是另一大难题。南桥苑小区共有住户约 900 户、居民近 3000 人。社区工作人员所做的民意调查显示，停车位建设排在居民最希望改造的公共设施中的前 3 位。然而，建于 20 世纪 90 年代末的南桥苑小区，楼与楼之间间距仅有 20 米，其中车行道就占了 8 米，没有多余的空间修停车场，唯有拆除小区旁边的菜市场才有可能修建公共服务设施。但南桥苑小区的菜市场是块占地 2400 平方米的边角地，地形并不规整。一番测算下来，最终能够利用的建设面积仅有 1000 平方米左右。

为了解决这个问题，设计人员想到了“叠罗汉”的方法，将菜市场地块的使用空间从 1 层楼增加到 7 层楼，将使用面积提高约 6 倍，地下两层作为停车场，一楼作为菜市场，其他楼层增加了乒乓球室、党建室、书画室等文化健身场所等配套服务，真真是“螺蛳壳里做道场”。

就这样，在各方力量的团结努力之下。重庆市完整社区建设也取得了喜人的成绩。重庆市六届人大常委会第二次会议审议的《重庆市人民政府关于全市城乡社区治理工作情况的报告》显示，重庆大力推进社区养老服务，建成村（社区）养老服务站点 1.1 万个，提供助餐、助浴、助医等 35 项养老服务，基本实现社区养老服务人人可及。

---

① 《重庆 1235 个老旧小区开展适老化改造“手术”》，《重庆日报》2023 年 5 月 10 日。

在社区妇女儿童服务方面，重庆推动1450个“妇女之家”、1000余个“儿童之家”规范化建设，建设儿童友好社区100个，精准联系服务妇女儿童及家庭。建设“妇女儿童维权站”5200余个，实施“幸福家庭课堂进村社”“新婚课堂”“婚姻家庭指导服务”等项目，惠及2万余个家庭。[①]

在公共卫生服务方面，建成社区卫生服务中心、村卫生室等基层医疗卫生机构1万余个，设置床位1.3万张，服务项目从12类增加到31类，年均诊疗量达到1.1亿人次。在文化服务方面，建成公共图书馆43个、文化馆41个、公立美术馆13个、乡镇（街道）综合文化服务中心1031个、村（社区）文化服务中心1.1万个，年均举办群众文化活动2万场次、服务群众达到7200万人次。

改造后的沙坪坝区凤天社区

① 王亚同：《重庆村（社区）综合服务设施覆盖率达100%》，《重庆日报》2023年5月31日。

在社会志愿服务方面，建成村（社区）社会工作室9280个，社会工作服务覆盖社会福利、社会救助、矫治帮教等18个领域，建立城乡社区志愿服务站（点）的社区达到97%。

在构建三级办学网络方面，建立38所社区学院、918所社区学校、8600余个社区学习中心。实施基层科普行动计划，打造农村科普示范基地、基层科普场馆设施、科普示范街镇（社区）40余个。①

（三）从“要居民改”到“居民要改”

邢家桥社区是整个重庆两江新区直管区内最早进行开发建设的区域。该小区为多层砖混结构商住楼，共计16栋27个单元，涉及安置房488套，1422人。邢家桥社区刚建成时，是附近最繁华的所在。经历二十多年的风雨，已经不堪重负，急需进行综合整治。2018年两江新区邢家桥社区准备改造安置房时，群众的支持率仅为23%。因为与后期开发建设的区域相比，邢家桥社区开发补偿低、16岁以下无安置费补偿政策，人均居住面积小，造成了这里积怨颇深。有传言称，这里早晚会整体拆迁，造成了大多数居民不支持整治。“人喊不拢、会开不起、工开不成”，甚至曾经有居民将粪便扔在了社区书记的办公室，还有居民拿着刀追赶建筑工人。“我已经七八十岁了，不需要你们来给我整治。”黄大爷便是最坚定的“钉子户”之一，根本不同意整治方案。

“政府曾考虑过拆除，但邢家桥安置房不符合危旧房改造政策。”邢家桥社区书记谢兰说。为让大家在房屋改造上达成一致，社区开展了一场“攻坚战”。首先是一遍遍宣传讲解，直到居民们都明白为何不能拆，认识到小区改造的好

① 丁口平：《重庆市人民政府关于全市城乡社区治理工作情况的报告——2023年5月30日在市六届人大常委会第二次会议上》，重庆人大网，https://www.ccrd.gov.cn/article?id=458377414914117。

处。其次，为了在改造方案上达成一致，社区组织党员及居民召开会议30多次、院坝会40余场，总计接待群众达5000余人次，征求意见建议1000余条，最终选定群众对小区最不满意的前5项，作为改造的重点内容。针对每家每户的需求，邢家桥社区“一户一策”地进行调整，逐步化解整治困难。社区精心打造的样板间，也让居民切身感受到实施改造的效果。73岁的黄大爷亲自去了样板间一趟后，他的态度变了：“改造出来的效果，完全不比花园洋房差。”此后，黄大爷不仅公开表态支持小区改造，还当起了志愿者，帮不在家的27名居民保管房屋钥匙，打扫临时厕所，还会主动入户协助工作人员处理整治过程中产生的小纠纷。①

2022年春节后上班的第一天，谢兰和社区工作人员强调了今年社区工作的重点，推进老旧小区改造二期工程近18万平方米，对老旧小区本体和配套设施进行改造和提升，改善1524户居民居住条件，提高生活环境品质。谢兰说：“人和街道大部分老旧小区改造都集中在邢家桥社区，体量大，难度大。一期改造工程完成后，我们得出经验，整治工作如果没有居民的助力，无法顺利开展。”根据《人和街道邢家桥社区老旧小区改造群众工作组实施方案》，为保障老旧小区改造二、三标段工作顺利进场、顺利推进，邢家桥社区成立了一个整治工作临时党支部，组建5个群众工作队，10个包片工作组开展工作。其中，党员先锋突击队、政策宣传队、矛盾纠纷化解队、困难群众帮扶队、违法建筑处置队等多支群众工作队将开展“入户走访、敲门行动”。

与此同时，邢家桥社区二、三标段改造划定责任区，按区域分为十个包片工作组，落实“三包”责任“五包”措施全面开展工作，“三包”即领导包片、干部包栋、工作人员包户，“五包”即包政策宣传、包矛盾化解、包违建拆除、

---

① 廖雪梅、黄光红：《看重庆如何破解老旧小区改造“三难”》，《重庆日报》2021年8月6日。

包困难帮扶、包申请签订同意。让谢兰感到欣慰的是，在一期改造工程的“打样”基础上，二期工程的群众支持率起步便达到100%。作为党的二十大代表，她希望往后继续带领社区探索在党建引领下的社会治理，引导更多居民参与到社区建设当中来，让大家真正成为社区的主人。[①]

---

① 李舒《两江新区邢家桥社区老旧小区改造二三标段即将启动！涉及13.7万平方米1098户》，上游新闻，http://www.cqcb.com/county/liangjiangxinqu/ljxqnews/2022-08-05/4980257.html。

二、城乡融合加速度，乡村振兴幸福路

年关将至，年味渐浓，重庆的乡镇大街上随处可见灌好的香肠和正在熏烤的腊肉。家家户户门前都有一个大油桶，油桶的下面割出一个口子用来添加柴火，上面做好铁架，香肠便放在铁架之上。柴火必须是本地的柏树枝，这样熏出来香肠才好吃。在重庆的农村里，则更加简单。灌好的香肠腊肉挂在生火做饭的火塘上方，熏上 24 小时，等把肉里的水分和油分都熏干，醇厚的滋味就熏出来了。过年前制作香肠和腊肉是每个离家的重庆人，对老家农村刻在脑子里的记忆。

重庆的农村面积很大。全市辖区面积 8.24 万平方千米，其中农村占 95%，山区丘陵占 98%。重庆的农民很多。第七次全国人口普查数据显示，重庆人口总数达 3200 万人，其中有一半的人口为农村人口。全市农民工总量 793.7 万人，其中外出农民工 280.2 万人、本地农民工 513.5 万人。重庆的农业发展很关键。2019 年重庆农林牧渔业增加值居全国第一。2012—2021 年重庆第一产业增加值占 GDP 比重始终保持在 7.0% 小幅波动。对于重庆来说，如何让农民富起来、让农村美起来、让农业壮大起来，任务艰巨。

“三农”问题，一直是习近平总书记最关心的问题。2014 年 12 月，习近平总书记在江苏调研时就提出“要更加重视促进农民增收，让广大农民都过上幸福美满的好日子，一个都不能少，一户都不能落”。2018 年 9 月，在第一个“中

国农民丰收节”到来之际，习近平总书记再次提出“我国是农业大国，重农固本是安民之基、治国之要”。2022 年 9 月，在第五个“中国农民丰收节”来临之际，习近平总书记继续强调“各级党委和政府要深入贯彻党中央关于‘三农’工作的大政方针和决策部署，强化粮食安全保障，稳住农业基本盘，巩固好脱贫攻坚成果，扎实推进乡村振兴，推动实现农村更富裕、生活更幸福、乡村更美丽”。

党中央有号令、重庆有行动、老百姓有实感。脱贫攻坚，重庆用实干来兑现承诺；乡村振兴，重庆用热爱来谋求提升；城乡融合，重庆用共生来赢取未来。一步一个脚印，一步一个阶梯，走出重庆的农村发展之路。

重庆市忠县东岩古寨实施乡村振兴后的图景

（一）脱贫攻坚：用实干兑承诺

“有女不嫁平安槽，一年到头磨儿摇；要吃干的几坨苕，要吃稀的几瓜瓢；一吹一个洞，一喝一条槽。”以前的重庆市奉节县平安乡，正如歌谣里面所唱：

无水喝，路不通，家家户户都穷。平安乡距离重庆奉节县城西北角 90 千米，位于奉节、巫溪、云阳三县交界处。在奉节，平安乡是有名的缺水地区。这里是典型的喀斯特岩溶地貌，乡内没有明沟，只有暗渠，每逢下雨，“水从渠里走，人在山上愁”，吃水完全靠天。早年间喝水全靠人去堰塘挑，耗时长，水质差。

2010 年，集镇水厂建成，平安乡场镇这一地段家家户户安上了自来水。“刚安上的时候，那真的是挨家挨户笑开了花，都以为有了自来水，我们就再也不会缺水了，但遇上干旱少雨的季节，我们还是缺水喝。”回忆起 2010 年至 2017 年这段时间，平安乡居民许登兵不停地摇头。只有一座水库，水的来源仅仅是山里的一股山泉水，供应两百多户村民，根本不够喝。7 年时间，家家户户都异常熟悉自来水的“秉性”。什么时候停水，什么时候来水，大家都掌握得清清楚楚。许登兵常常凌晨两三点起床蓄水，拧开水龙头，听到哗啦啦的声响，才敢继续去睡觉。遇到几天不来水的情况，水龙头就一直开着，不敢关上。自来水“三天打鱼两天晒网”，这种情况一直持续到 2018 年。①

2018 年 1 月，市政府办公厅扶贫集团驻平安乡工作队协调市国土房管局等相关部门对平安乡进行水资源勘查。脱贫攻坚指挥部及其办公室、市政府办公厅扶贫集团驻乡工作队和乡党委、政府开展“千人寻水源”行动。此外，在市政府办公厅扶贫集团协调下，筹资 421 万元，启动了平安乡关门山应急提水工程。2018 年 9 月平安乡争取资金 220 万元，开始开展钻井取水工程，最终一鼓作气拿下 7 口 130~180 米深水井，日均出水量达 580 立方米，充分满足天台、射淌、双店等区域枯水期近 4000 人供水需要。

然而，水有了，怎么保护管理也是个大问题。如何管护摆在大家面前，建立长效机制刻不容缓。平安乡最终决定成立供水管护协会，建立饮水工程管护

① 胡霜玉:《为了百姓的“渴”望——奉节县平安乡背水大战引来“脱贫”水》,《农家科技·乡村振兴》2020 年第 5 期。

制度，制定供水管护协会章程，成立自治协会32个，将饮水工程真正交由受益户管护。通过院坝会，由受益群众推荐具体管护责任人，自行制定收费标准，收取水费满足日常运行维护，并略有盈余，同时引导群众节约用水，让饮水工程效益得到长效发挥。同时，回购集镇水厂供水经营权，交由县水电开发公司，水厂后期运行按照公司化经营、规范化管理，提高供水管理服务水平。乡亲们知道这一切来之不易，因此倍加珍惜，纷纷加入管水协会，积极参与管道维护，自觉遵守规章制度，最大限度地确保“细水长流”。

党的十八大以来，习近平总书记高度重视重庆脱贫攻坚工作。2016年初，习近平总书记在重庆考察时指出，扶贫开发成败系于精准，要找准“穷根”、明确靶向，量身定做、对症下药，真正扶到点上、扶到根上。2018年全国两会期间，习近平总书记参加重庆代表团审议时，向李春奎、刘家奇两位代表详细询问了巫山红叶、脆李、涪陵榨菜、龙眼、荔枝等发展情况，关心重庆的特色富民产业。2019年4月，习近平总书记风尘仆仆、不辞辛劳，亲临重庆考察调研脱贫攻坚工作，主持召开解决“两不愁三保障”突出问题座谈会。深深牵挂，殷殷嘱托，给予全市上下巨大关怀、强大动力。责任在肩，不负使命，把总书记殷殷嘱托全面落实在重庆大地上。市委、市政府作出庄严承诺，脱贫路上，不漏一户，不落一人，坚决夺取脱贫攻坚全面胜利。①

重庆集大城市、大农村、大山区、大库区于一体，是全国脱贫攻坚的重要战场。重庆交出了脱贫攻坚的硬核答卷：最重大的成就是历史性消除了绝对贫困。重庆市14个国家级、4个市级扶贫开发工作重点区县全部摘帽，1919个贫困村全部出列，动态识别的190.6万贫困人口全部脱贫；贫困人口人均纯收入由2014年的4697元增加到2020年的12303元。贫困区县GDP增速高于全市平均

① 颜安：《牢记嘱托勇拼搏　气壮山河奋斗歌——重庆脱贫攻坚纪实》，《重庆日报》2021年4月15日。

水平，农村出行、饮水、上学、看病等生产生活条件得到极大改善，为全面建成小康社会打下坚实基础。[①]

（二）乡村振兴：用热爱谋提升

春日，磨子乡白河村羊肚菌种植基地，一朵朵鲜嫩的羊肚菌正探出褐色的“脑袋”，挺立着白白的“身体”，错落有致地盛开在菌垄上，看起来煞是喜人。采摘村民穿梭于各大棚之间，小心采收着新鲜出土的羊肚菌。这是重庆忠县最大的羊肚菌生产加工基地。然而，两年前，白河村第一书记陶根苗对进展缓慢的羊肚菌项目还一筹莫展。

“驻村工作队？是不是来喊我们种菌子的？”2021 年 9 月，对于流转土地种羊肚菌的做法，村民们刚开始响应并不积极。夜幕刚刚降临，驻村工作队员们扛着投影仪、幕布、音箱，买上瓜子花生和矿泉水，到白河村 8 社召开院坝宣讲会。“走村入户，做好群众的思想发动工作、教育引导和感情沟通，激发内生动力，这正是我们工作队发挥宣传动员作用的时候！”

“老乡，我们工作队来这里是帮着大家把农村变美，让大家富起来，种菌子只是其中一个项目。”院坝会上，工作队员们先和老乡拉家常，表演节目把气氛活跃起来，随后图文并茂地给老乡讲磨子乡的规划，看人居环境整治后的对比图片，看关于武隆白石村集体经济致富的成功案例——“九个山嫂”的纪录片。院坝宣讲会从 7 点多一直持续到晚上 9 点。老乡们听得很认真，还不时爆发出阵阵笑声。“现在政策这么好，驻村工作队是来帮我们发展产业致富的，我们一定要支持配合。”会后，7 组组长张伟庭激动地说。经过广泛宣传，白河 7 社的

---

① 《（中国这十年）重庆官方以四“最”述脱贫攻坚成果》，中国新闻网，http://www.chinanews.com/gn/2022/08-17/9829975.shtml。

54户近50亩土地在3天之内顺利签订了流转协议，村民们拿到了第一期土地流转金，羊肚菌项目得以如期推进。

两年来，磨子乡因地制宜发展了食用菌、果蔬大棚、高粱、大豆、生态养殖等产业项目；发展陆地高位养鱼、工厂化养殖南美白对虾、流水养鱼、稻渔共生等生态渔业；对原有8000余亩柑橘果园逐步改造，对原有低效林改造升级为红美人柑橘果园、笋竹基地、佛手基地，显著提高了产业综合效益。①

文化振兴是乡村振兴的关键一环。“画得真好！”2023年1月26日大年初五一早，50岁的余善兰正在忠县磨子土家画乡农民画室作画，不少村民向她投来吃惊的眼神。在大家的印象中，她就是一位种地、看娃、做饭的农家妇女，没想到还能画画。余善兰画完后，用手机拍照传到了“磨子乡农民画工创作群”，一位叫李毅力的群友发来个大拇指点赞。余善兰的画就是跟李毅力学的。李毅力是重庆民盟画院院长、重庆群众艺术馆研究馆员。2021年，磨子土家族乡被确定为市级乡村振兴重点帮扶乡镇，市纪委监委帮扶集团联系帮扶。作为成员单位，李毅力所在的民盟市委会因地制宜打造“磨子土家画乡”乡村振兴项目，培养农民画工。

“我们都会画！”画室里还有好几位农民正专心创作。这个春节，这个农民画室已然成了网红打卡地，返乡过年的人们纷纷前往一睹当地农民的画作。“每一幅画都是身边的人、身边的事儿。”唐兴元说。这些都是帮扶集团的党员干部扎根磨子乡带来的变化。②

为了打响脱贫攻坚战，重庆累计选派5800个驻村驻乡工作队、5.71万名驻村工作队员和第一书记，20余万名结对帮扶干部扎根一线，成为新时代“最

① 秦凡雅、白水：《乡村振兴跑出“加速度”：忠县磨子乡美了乡村富了民》，重庆市乡村振兴局，http://fpb.cq.gov.cn/zxgz_231/zhyw/202304/t20230419_11893533.html。

② 《忠县磨子乡：画家携手农民，他们画出了乡村振兴的模样》，《重庆日报》2023年1月27日。

可爱的人”，涌现出诸如毛相林、杨骅、周康云、严克美、王贞六等一大批扎根基层、甘于奉献、带头致富的先进典型。[①]脱贫攻坚战结束，2021年478名第一书记接过驻村帮扶“接力棒”投身到乡村振兴工作中。[②]2023年，第一批驻村帮扶书记完成任务回到工作岗位之后，新轮换选派的驻村干部又陆续上岗。

为了贯彻落实习近平总书记关于“三农”工作的重要论述，准确把握巩固拓展脱贫攻坚成果同乡村振兴有效衔接的要求，重庆乡村振兴坚持工作不断档、政策不留白、监测不漏人、再创新特色、聚力补短板，组建了由市委副书记统筹、5位市领导任组长的“五大振兴”工作专班，建立市领导+市级帮扶集团+协同区县+驻乡工作队+产业指导组“五位一体”的帮扶矩阵，创新开展“一县一策”重点帮扶，先后出台了《重庆市乡村振兴促进条例》《关于推动脱贫地区特色产业可持续发展的十条措施》《关于促进脱贫人口稳岗就业十三条政策措施》等多项政策，为巩固脱贫攻坚成果，实现乡村振兴保驾护航。

（三）城乡融合：用共生赢未来

每天清晨，中国摄影家协会会员张治中都会从大足城区的家出发，开车10分钟到达他的工作地点——位于棠香街道五星社区“如梦荷棠·山湾时光”旅游休闲综合体的农家乐“知木堂”。“我第一次来拍荷花，就被这里的美景深深吸引。”张治中说。当时正值仲夏，碧绿的荷叶层层起伏，数百亩娇艳欲滴、清新淡雅的“太空荷花”争奇斗艳，周边闲置的农房被整合打造成特色民宿，美丽的田园风光令人沉醉。张治中看中了这里未来的发展前景。2021年“如梦荷

① 肖福燕：《一条天路　见证脱贫攻坚重庆答卷》，《重庆日报》2021年7月1日。

② 邓俐：《重庆：新一轮驻村第一书记集中“充电蓄能”》，《农民日报》2023年5月31日。

棠·山湾时光”开业后不久，他便在附近以3万元的价格租下一栋闲置民房，并改成了农家乐“知木堂”，合同一签就是10年。眼看着“知木堂”生意日渐红火，张治中又趁热打铁，于2022年将旁边的一栋闲置楼租了下来。这一次，签了12年。

“3年前，这里就是普通的乡村。”大足区棠香街道五星社区第一书记吴远明至今还记得“如梦荷棠·山湾时光”最初的模样。大足是中国荷莲之乡，自唐代设县以来就有栽培荷花的传统。目前全区荷莲栽培近5万亩，每年都有大批摄影爱好者和游客前来赏荷。棠香街道五星社区恰好位于大足城区和宝顶山石刻的中心地带。2020年，大足区鑫发建设集团有限公司（以下简称鑫发集团）瞄准了五星社区的地理优势和生态环境，决定以田园风光为基础，以荷花、海棠为特点，融入农耕文化、石刻文化，打造一个集农业休闲观光、乡村旅游为一体的城景融合旅游休闲综合体。

2020年3月，租地、规划、设计……鑫发集团整合涉农资金，在五星社区相继完成了旅游道路、民房院落、荷塘栈道等基础设施改造，种植上千亩荷莲以及70万株海棠。2021年国庆黄金周期间，占地5500平方米，拥有乡村振兴会客厅等3栋公共建筑和6栋特色民宿院落的“如梦荷棠·山湾时光”营业。夜幕降临，在灯光秀的点缀下，如梦似幻的“如梦荷棠·山湾时光”一炮而红，成为了大足又一处网红打卡地。[①]

大足区相关负责人指出，“城乡融合的示范，最终落脚点在城乡一体化的发展”。用改革创新的办法，加快释放“人”的活力、激活“地”的潜力、激发‘产”的动力、打造“乡”的魅力，推动人才、土地、资本等要素在城乡间双向流动和有机融合。拾万镇长虹村“五彩稻田”项目，龙岗街道观音岩村“老家·观音岩”项目，在铁山镇建角村的生态中药示范园都是大足区城乡融

① 叶中华:《重庆市大足区：有“融”乃大兴业劲足》,《中国城市报》2023年5月26日。

合的实践写照。只有城与乡共同发展进步，才能够促进城乡共同迈入现代化。①

实施乡村振兴后的重庆巫山县竹贤乡下庄村

2019年，国家发改委等18个部门和单位联合发布《关于开展国家城乡融合发展试验区工作的通知》以及《国家城乡融合发展试验区改革方案》明确了11个国家城乡融合发展试验区名单出炉，重庆西部片区名列其中，共包含重庆9个区县，15323平方千米。为了更好推动试验区建设，2020年以来，重庆陆续出台《关于建立健全城乡融合发展体制机制和政策体系的实施意见》《国家城乡融合发展试验区重庆西部片区实施方案》《重庆市推进以区县城为重要载体的城镇化建设实施方案》等促进城乡融合工作。

为实现城乡融合这一目标，重庆系列作战图陆续出炉：全面深化农村改革，

① 《大足　推动城乡美美与共　打造城乡融合示范区》，《重庆日报》2023年1月17日。

巩固和完善农村基本经营制度，以“三变”改革和“三社”融合发展为抓手壮大新型农村集体经济，全面深化国家城乡融合发展试验区重庆西部片区改革探索，实施城乡融合发展重大示范工程，推动农村宅基地制度改革、农村集体经营性建设用地入市等牵引性强的重大改革任务在试验区系统集成、全面落地、尽快突破，研究实施“强镇带村”工程，积极搭建城乡产业协同发展平台，建设 30 个美丽宜居示范乡镇、20 个市级农民工返乡创业园和孵化基地等。[①]

① 王雪:《融合重塑“新”城乡——重庆着力构建以融促荣、以合促活的新型城乡关系》,《当代党员》2023 年第 7 期。

三、科技创新新动能，城乡智慧惠万家

重庆被传作现实版的“赛博朋克”之城。无论是洪崖洞的空中立体步行街，还是上下五层的立交桥；无论是穿楼而过的轻轨，还是长达百米的皇冠大扶梯。摩天大楼与低矮平房错落有致，阴雨雾天为重庆带来的灰暗迷离的质感，都烘托出一种高科技、现代化未来城市的图景。

不仅仅是给人的感觉赛博朋克，重庆也是一座实打实的科技之城。2023年7月6日，2023全球数字经济大会专题论坛“全球变化下的智慧城市”发布了《2023亚洲智慧城市排名》《2023二十国集团（G20）智慧城市排名》两份报告。报告显示，无论是在亚洲智慧城市排名中，还是在G20智慧城市排名中，重庆均同北京、上海、深圳位列前10%。① 按照国家网信办《数字中国发展报告（2022）》，重庆市数字化综合发展水平在全国31个省（区、市）中排名第九，位列全国第一梯队。

习近平总书记指出：“让城市更聪明一些、更智慧一些，是推动城市治理体系和治理能力现代化的必由之路，前景广阔。”② 为响应习近平总书记的号召，近年来，重庆加快建设新型智慧城市的步伐，着力培育壮大智能产业、丰富拓展

① 孙杰：《两大智慧城市榜单出炉，北京均居第一梯队》，《北京日报》2023年7月7日。
② 中共中央文献研究院编《习近平关于城市工作论述摘编》，中央文献出版社2023年版，第114页。

两江新区礼嘉智慧公园[1]

智慧生活、优化提升智治水平，让城市更“聪明”，生活更“智慧”。

2022年中国国际智能产业博览会在重庆举办，此次年度主题“智慧城市”，智能制造、智慧交通、智慧社区等30余个领域、共1560余个应用场景在会上亮相。但这已经不是重庆与智博会的第一次会面，从2018年至今，重庆已经连续举办了5届智博会。自与智博会结缘起，前所未有的人流、物流、资金流、信息流汇聚山城，“智博”效应逐渐显现。

重庆“云联数算用”全要素群加速聚集，城市“脑容量”快速扩容，管理

① 图片来源于两江新区融媒体中心。

效率和治理能力大幅提升。智能化——这个鲜明标识印刻在智博会的办展实践中，也印刻在重庆城市治理的细节之中。智慧城市，应当是一座“不一般”的城市，是由“制造”走向“智造”的城市，是随处可见智能化平台的城市，是整体智慧的城市。

（一）智造增添新动能

重庆金桥机器制造有限责任公司总经理胡清华刚到办公室，屁股还没坐热，就接到了采购商的催单电话。“好好好，13000 件凸轮轴，今天下午发车，明天就到！”挂掉电话后，胡清华立马起身，大步快速走到生产车间，安排工人做产品出厂检查和装箱。

金桥制造成立于 1997 年，由国有企业改制而来，专业生产汽车凸轮轴、摩托车凸轮轴、通机凸轮轴及喷油泵凸轮轴等，是重庆汽车、摩托车凸轮轴重要生产基地。2023 年以来，企业订单不断，仅 2 月订单金额已达到 2000 多万元。

走进金桥制造的汽车凸轮轴生产车间，一条条精益生产线纵向有序排列，忙碌运转着。每条生产线旁，仅两名工人在有条不紊地作业。每条生产线的最前方，都立着一块电脑屏，不仅能实现生产线数据实时采集，还能实现生产计划自动排产、生产过程实时跟踪。“这套智能解决方案相当于给公司装上了‘数智大脑’。”胡清华说。在这个生产车间，每天都有 8000 多件凸轮轴下线。

金桥制造公司很早之前就进行过自动化改造，但各个信息系统却是一个个“孤岛”，生产过程中出现的物流布局乱、人工依赖度高、生产效率低等问题仍然没有改变。2020 年 4 月，经过西部（重庆）科学城的牵线搭桥，施耐德智能制造重庆创新中心专家团队为金桥机器制造有限责任公司量身定制了一套智能制造解决方案，结合数字化系统实现了数据实时采集、生产计划自动排产、生产过程实时跟踪。生产设备高度自动化让工人只需简单操作几个按键。一条生产线上，两名工人就能负责十多道工序，人均效率提高 40% 以上，生产周期缩短 87%。当年，企业就拿到了重庆市数字化车间认定。2022 年，其“新能源凸轮轴生产智能工厂”被认定为重庆市智能工厂。从制造到智造，不仅让企业大变样，也为企业赢得了大单。①

随着大数据、人工智能等信息技术的快速发展，“智变”升级被众多传统企业当成了破解人工成本高、产品质量良莠不齐、生产效率低等问题最直接、最有效的途径。智能化改造带来的红利，让更多传统企业从犹豫到坚定，从观望到执行，“数智”的触角已经延伸到多个产业领域，在不断优化企业各项生产环节、提升生产效率的同时，也有效降低了生产成本。

《中国制造 2025》明确提出提高制造业创新能力、推进两化融合、主攻智能制造。这一主题在“十四五”期间上升为国家战略：“十四五”规划中专辟第五篇论述“以数字化转型整体驱动生产方式、生活方式和治理方式变革”。随后几年中，国务院或相关部委陆续出台支持政策，总计不下 20 项，平均每年不少于三项，其中 2015—2017 年和 2020 年是两个小高潮。重庆一直以来都是“制造”大市，并一直朝着建设国家先进制造业中心的目标努力。

近年来，重庆先后出台《重庆市深化“互联网 + 先进制造业”发展工业互联网实施方案》《重庆市制造业智能化赋能行动实施方案》等政策文件，明确了以大数据智能化提速“智造重镇”建设的“任务书”“时间表”“路线图”，强调以“揭榜挂帅”方式遴选若干“链网平台”，加快打造“一链一网一平台”生态，带动一批产业链企业实施数字化转型，免费为 100 家骨干企业提供智能制造诊断服务，推动 1000 家规上企业开展智能制造能力成熟度评估，出台中小企业数字化转型实施方案，持续在重点园区、重点企业布局 5G 基站等。截至 2022 年

① 《定下 2.7 亿元小目标！这家传统汽摩零配件配套企业为何底气十足》，《重庆日报》2023 年 2 月 17 日。

底，重庆累计实施智能化改造项目5578个，建成智能工厂127个、数字化车间734个，示范项目的生产效率平均提升58.9%，“智造”发展成效显著。[①]

（二）智能服务新生活

2021年10月的一天，家住重庆渝中区的林大爷突然晕厥，随即被送上重庆市急救医疗中心的5G智慧急救车。一路上，医护人员一边监护着老人的生命体征，一边将心电监测数据等实时传输至市急救医疗中心胸痛中心。胸痛中心的专家得到数据后，立即展开诊断，很快给出结果——急性心肌梗死，并立即通知医院的导管室做好手术准备。救护车到达市急救医疗中心后，林大爷被一路“绿灯”直接送入导管室进行手术。整个过程只用了40多分钟，林大爷转危为安。[②]

金州小学全息课堂上训练有素的主讲“老师”通过全息投影出现在教室。与传统教学方式相较，全息课堂以“全虚拟、全交互、全动态”的方式，让孩子们身临其境地操作传统实验室无法实现的实验，如等高温高压、反应周期漫长等实验，有利于孩子们更直观地领略现实环境中观察不到的宏观与微观场景。

重庆段记西服服装店里，消费者只需在特定房间坐坐，房间内不同方位的扫描仪就会自动测量出顾客身体各部位尺寸。智能化“量体裁衣”，让现场采集的数据和既有的数据库进行高精度匹配，几秒就能找到对应版型，实现定制生产。

渝北区大盛镇青龙村的丘陵山地数字化无人果园里，无人机花了1个小时完成了30亩柑橘地喷洒农药工作，过去这项工作需要6个工人耗费一天的时间来完成。接到高温预警之后，果园管理人员立马根据系统采集的土壤环境数据，

---

① 《产业结构优化　智数应用增强　川渝协同发力　重庆提速打造国家重要先进制造业中心》，《重庆日报》2023年2月23日。

② 吴刚、夏元、臧博：《越来越方便快捷的生活大幅提升重庆市民幸福感》，《重庆日报》2022年8月21日。

启用水肥一体化滴灌系统精准灌溉等技术，为果园的柑橘降温送清凉。卫星遥感、无人机、物联网等天空地多源协同监测技术完成了对无人果园的空间环境、土壤环境及病虫害的智能识别，并实时采集数据及时调整果园的温湿度方案。

礼嘉智慧公园内，机械手来回旋转，把香浓的咖啡送到顾客跟前；小客车往返穿梭，接驳游客，车里既没有方向盘也没有驾驶员；机器人抬起手臂，用钢琴弹奏《我和我的祖国》；冰箱和墙上的画框，和游客展开对话。公园里不时会碰上一辆无人驾驶的清扫车，自动操作，遇见人会“主动”让行；智慧秀林让每株新种苗木都有了二维码标记，游客扫一扫便可了解相关信息；园内有两条智慧凉道，树上和地里“藏”着上千个喷头，能通过红外线感知喷雾降温。①

对于重庆人来说，与过去相比，生活好像方便了很多。而这一切的一切都有赖于将智能化嵌入我们日常的生活场景中。科技变革日新月异，智能技术和应用呈现加速落地的趋势。从第一届到第五届智博会，重庆人在电视、报纸、户外投屏和手机上，看到了关于智博会的各种报道。智博会带来的智慧理念，也在不断地改变着重庆人的生活。智能化的目的在人。不论是智慧交通、智慧教育、智慧医疗、智慧农业还是智慧家居，都是为了让民众切身享受到智能化的便利，获得更幸福的生活体验。数字化、网络化、智能化发展日新月异，为推进互联网便民、利民、惠民提供了广阔空间。

党的十八大以来，以习近平同志为核心的党中央高度重视发挥信息化、数字化在助力民生保障中的重要作用，多次强调“要运用大数据促进保障和改善民生”“要用好网络信息技术，发展远程教育，推动优质教育资源城乡共享”“要完善人口健康信息服务体系建设”“用信息化手段更好感知社会态势、畅通沟通渠道、辅助决策施政、方便群众办事，做到心中有数”……这一系列重要论述，充分彰显了数字社会建设鲜明的民生底色，是以数字社会建设促进高质量发展、

---

① 王斌来：《无人驾驶接驳车、5G体验馆、智慧步道……重庆两江新区礼嘉智慧公园——在这里，遇见“未来之城”》，《人民日报》2019年12月23日。

创造高品质生活、不断满足人民对美好生活向往的科学指引。[①]

（三）智慧创造新城市

管网堵了，市政工人要下去清淤。下井会不会有危险？那就扔只鸡，鸡没死，人就下。过去，这是许多城管部门使用的土办法。然而现在的江北城管，鸡已经被机器人代替。在重庆江北区城管局，工作人员已经拥有了“新装备”。其中一个是“地下管网排查机器人”，它有4只轮子，头部配有一个高清摄像头，工作人员通过绳索牵引将机器人送入井下，机器人就能清晰地将实际情况拍摄传回。

此外，还有一台声呐设备、一台雷达设备，水下情况如何，管道是否有渗漏，周边是否潜藏着塌方危险等，都可以给予数据呈现。除了井下作业配备了“高科技”，路边停车也变得智能起来。在江北区洋河一路，路边新增的智能停车导视柱上，停车位的收费标准、车位数量，剩余空位、空位编号都一目了然。

除此之外，江北区在洒水车、垃圾车、窨井盖、路灯等各种市政设施上，也都部分或全部安装了物联网装置。新设备、大数据、物联网，正让江北区城市管理变得“耳聪目明”。江北区还通过给环卫工人配备智能手环，给执法人员配备具有人脸识别、车牌识别，实时拍摄、现场开单等功能的“单兵执法设备”，不仅可了解人员是否在岗，作业里程、类型，还让执法变得更加公正、透明。

重庆江北区城管的各种智能设备，都连接着后方——江北区数字化城市管理监督指挥中心。这里是江北区城市管理的“智慧大脑”。这个“智慧大脑”里共含有19个主系统和84个子系统，包括环卫智能管理、危险源把控、市政设施运行、城管执法工作等，都可以在后台实时监控。[②]

---

① 中国网信编辑部：《无边光景时时新——习近平总书记指引数字社会建设述评》，《中国网信》2023年第5期。

② 曾立：《江北“智慧城管”让城市“耳聪目明”》，《重庆日报》2019年2月14日。

早在 2015 年，重庆市人民政府就出台了《深入推进智慧城市建设总体方案（2015—2020）》。2016 年，重庆市人民政府办公厅又印发了《关于推进智慧城管建设的指导意见》。而后又相继出台《重庆市公共数据开放管理暂行办法》《重庆市建立健全政务数据共享协调机制加快推进数据有序共享实施方案》《重庆市大数据标准化建设实施方案（2020—2022 年）》《重庆市数据治理“十四五”规划》等多项政策来推动重庆数字化建设。江北区智慧城管正是重庆数字化建设的典型代表。

智慧城管已经覆盖了重庆 41 个区县，2018 年以来，重庆智慧城市管理大数据平台与全市所有区县数字城管平台实现联动，接入全市城市管理信息系统 155 个。有了共享的设备与数据，城市问题“一网管理”逐渐成为现实。而早在五年前，城市管理公众号是距离市民最近的智慧城管平台，但却只有市民投诉功能，数据库仅有 3000 万条城管数据，其智慧化的管理能力着实有限。现行的市级智慧城管已对接全市范围城市管理业务系统 129 个，实时监测下水道、化粪池等 7600 多个危险源运行状态，三年来汇聚数据总量突破 1.61 亿条，建成市政设施、城管执法、市容环卫等各类数据库 21 个，在此基础上梳理数据要素 12153 个。

在“大城智管”工作方面，重庆实现了全国四个方面的领先。一是率先实现市域内各区县城市数字化管理平台全覆盖，全域数据共享、同标管理、专项考评；二是全国创先实施了省（直辖市）层面大数据平台建设，并与国家城市综合管理服务平台联网运行；三是以江北区为试点成功创建了全国城市管理智慧化应用范例，并较早发布了智慧城市管理信息系统技术规范；四是率先启动城市综合管理服务平台全域一体化规划建设，并入选全国城市治理风险清单管理试点城市。①

① 《重庆城市管理：大城智管！重庆所有区县实现数字化城市管理》，重庆城市管理局，http://cgj.gov.cn/zwxx_173/bmdt/mtkd/202112/t20211208_10098316.wap.html。

四、结语

习近平总书记在视察重庆时提出，重庆是山环水绕、江峡相拥的山水之城，是历史文化名城，并希望重庆能够优化空间布局、完善功能配套，彰显山水之城、美丽之地的独特魅力。重庆始终牢记习近平总书记的要求和嘱托，着力建设人民城市。

党的十八大以来，重庆持续从城、乡两方面发力，推动城市的现代化发展。在大中城市积极组织开展城市更新行动，着力推进传统风貌区、老旧街区、老旧厂区、老旧居民区更新改造，打造了鹅岭二厂、重庆市工业博物馆、山城步道、十八梯传统风貌街、白马凼老旧小区等多个具有代表性的城市更新项目，提升了城市形象和城市品质。同时，在城市体检工作的支持下，重庆推动完整社区建设，重点关注一老一小问题，新建社区养老服务中心、托育中心、社区食堂、社区图书馆、健身中心等，各类基础设施和公共服务的完善让人民群众离美好生活又近了一步。在小城市和县城，重庆出台《推进以区县城为重要载体的城镇化建设实施方案》，提出到2035年基本实现新型城镇化，基本建成各具特色、富有活力、宜居宜业宜游的现代化区县城，并结合成渝双城经济圈建设，推动区域协调发展，积极发展各个县城特色优势产业，加快县城的市政设施提档升级。在乡镇和农村，加速推进城乡融合和乡村振兴，巩固脱贫攻坚成果，防止大规模返贫等依旧是重庆工作的重点。

重庆一直在尝试探索一条具有重庆特色的城乡发展新路子，形成了甘宁农科、融汇温泉城、仙桃数据谷等多个城乡发展样板区。重庆是普通的，其他城市的发展历程中城乡建设发展的诸多问题在重庆也都可能遇到。但重庆又是特殊的，是全国区县最多的、人口最多的、面积最大的直辖市。这使得重庆在全国的代表性很强，既能讨论普遍问题，又能解决特殊问题。重庆正努力成为中国式城市现代化的试验田和样板区。

第四章

兴民主法治 夯治理根基

漫步在重庆市渝中区的中山四路上，你会惊喜地发现，从特园到桂园，区区六百米，却处处留下了中国近现代史上波澜壮阔的民主故事和感人至深的民主佳话，我国八大民主党派中“三个半”诞生在渝中半岛。无论是“一张白绸巾”的民革还是白象街“星五聚餐会”的民建，无论是毛泽东同志三顾“民主之家”特园的民盟还是在重庆青年大厦高扬科学与民主旗帜的九三学社，重庆不仅是中国民主党派的诞生地，也是我国政治协商制度的发祥地，镌刻着鲜明的民主基因。党的二十大报告明确提出中国式现代化是物质文明和精神文明相协调的现代化，发展全过程人民民主是中国式现代化的本质要求。新时代、新征程、新重庆以奋力书写中国式现代化重庆篇章为目标，持续深化民主法治市域实践，用好“八张问题清单”，交出“一张高分报表”，加快建设新时代新征程市域民主法治新高地。

一、基层立法联系点，让民意搭上立法“直通车”

党的十八届四中全会提出：“建立基层立法联系点制度，推进立法精细化。”2015 年 7 月全国人大常委会法工委正式确定湖北襄阳、江西景德镇、上海虹桥和甘肃临洮 4 个国家级别的基层立法联系点，标志着基层立法联系点建

綦江区人大代表、议政代表参加赶场日接待选民活动

设迈出新步伐。2019 年，习近平总书记在上海虹桥街道考察全国人大常委会法工委基层立法联系点时，首次提出“人民民主是一种全过程的民主”的重要论述，凝练了中国特色社会主义民主政治的新内涵，基层立法联系点在实现民主立法功能的同时日益成为新时代坚持和发展全过程人民民主的生动实践。

近年来，重庆以党建为统领，不断深化全过程人民民主的市域实践，加强基层立法联系点建设，实现基层立法联系点从无到有、从有到好的整体跃升，为中国式现代化重庆篇章之全过程人民民主实践写下浓墨重彩的一笔。

沙坪坝区中心湾社区基层立法联系点开展“我看《代表法》”漫谈会

（一）国家立法“直通车”开进了沙坪坝

2022 年底，重庆市沙坪坝区石井坡街道中心湾社区居民姚华全收到了一封感谢信。这是沙坪坝基层立法联系点为感谢他在立法意见征询过程中的不辞辛劳而送来的。

“2021 年 12 月 24 日，十三届全国人大常委会第三十二次会议通过了《中华人民共和国噪声污染防治法》。您建议《中华人民共和国噪声污染防治法（草案）》第十一条‘对在噪声污染防治方面成绩显著的单位和个人，按照国家有关规定给予奖励’明确添加‘表彰’一词，被国家立法机关完全采纳，并在新出台的《中华人民共和国噪声污染防治法》第十二条中予以体现，为国家立法工作作出积极贡献。”“每次读到这封信，心情都很激动和幸福。”姚华全说，“没想到我一个普通退休工人也能参与国家立法，提的建议还能被采纳。……”像姚华全这样直面群众的立法信息员，就是这条民意通道上的“一传手”。目前，在沙坪坝区，这样的“一传手”有 218 名，他们奔波于大街小巷，记录反映最真实的社情民意，发掘传递最鲜活的民生诉求，推动民主立法、科学立法走深走实。

2021 年 7 月，沙坪坝区人大常委会成为全国人大常委会法工委第三批基层立法联系点，也是重庆首个“国字号”基层立法联系点，它不仅承接重庆市一级的地方立法征询工作，还承接了国家级立法征询工作，成为名副其实的连接最高国家权力机关和人民群众的“民意直通车”，这是沙坪坝民主法治发展史上的里程碑，也是重庆民主法治发展史上的大事件。从 2020 年 5 月沙坪坝区指导创建重庆市人大常委会中心湾社区基层立法联系点，到 2021 年 7 月创建全国人大常委会法工委沙坪坝基层立法联系点，沙坪坝区成为重庆市唯一一个同时拥有国家级、市级两级基层立法联系点的区县。沙坪坝基层立法联系点不仅直接参与并书写新时代新征程重庆全过程人民民主之生动实践，更为讲好中国式现代化重庆篇章之民主故事提供了鲜活素材、生动话语和实践依据。

为了更好地建设基层立法联系点，沙坪坝基层立法联系点始终坚持“党委领导、人大主导、群众主体、专家参与”的工作格局、立法“民意直通车”职能定位、“135”整体工作思路（“1”指国家点“后来居上，勇争一流”、市级点

“打造标杆，全市示范”建设目标；“3”指区、镇街、村社三级组织架构；“5”指全覆盖运行制度、阵地规范化建设、全过程人民民主基层实践、工作品牌塑造、群众参与激励五大体系），先后挂牌了石井坡街道等 5 个示范点、8 个孵化点、13 个普及点，建立 36 名立法咨询专家组成的专家库，遴选了 218 名立法信息员队伍，逐步探索并走出了一条既有沙区特色又具重庆内涵的基层立法联系点品牌建设之路。①

首先，制度机制建设有保障。沙坪坝基层立法联系点相继制定出台《全国人大常委会法工委沙坪坝基层立法联系点立法咨询专家工作办法》《全国人大常委会法工委沙坪坝基层立法联系点经费使用办法》等制度规章，通过建章立制和严格考核，确保工作有遵循，活动有规范，建设有成效。同时，积极搭建区、镇街、村（社区）分级分类管理架构。区级建设主阵地，展示全区基层立法联系点体系化建设成果与鲜活实践。镇街级包含 26 个镇街、政府组成部门及驻区高校等社会单位，承担上传下达、统筹规范、总结梳理的职能，是支持基层立法联系点工作的承接力量。村（社区）级注重发挥代表家站作用，打造融合示范点，使之成为践行全过程人民民主最生动、最直接、最具创新空间的主要阵地。②

其次，激发群众参与热情有妙招。为了更好地发挥好群众主体作用，沙坪坝基层立法联系点组建起“专家咨询＋群众采集”工作队伍。一方面，在全市高校、科研院所、律师事务所、公检法司等单位遴选聘请 36 名知名专家学者担任首届立法咨询专家，建立“专群结对”定点联系镇街工作机制，搭建“法言法语”与“民言民语”的双向转化平台。另一方面，在全区村（社区）遴选 219 名

① 邢玉柱、李倩文:《重庆沙坪坝:“家门口立法”倾听“原味”民意》,《中国人大》2022 年第 16 期。

② 李天琪、芦佳琪:《让群众的“金点子”搭上国家立法“直通车”》,《民主与法制》2023 年第 46 期。

立法信息员，实现区域全覆盖的群众参与立法工作的零距离。同时，整合现有司法资源，推动“三官一师”（法官、检察官、警官、律师）和“法律明白人”进社区制度。以专家带群众，以机制促保障，确保群众更好地理解法律法规内容并能够充分表达“原汁原味”意见建议。为提升群众参与的仪式感，还统一制作了立法信息员装备，向信息员颁发聘书，向被采纳意见的群众颁发证书、感谢信与奖杯等，以庄重的“仪式感”提升尊崇度、激发积极性。

最后，畅通基层社情民意有方法。不断探索并优化“线上＋线下”立法社情民意的双征询工作模式。线上，通过改版区人大官网、微信公众号，石井坡街道开发 e 党建、磁器口街道开设法治街区小程序，不断扩大意见征询面，线上共征集 970 余条意见建议。线下，统筹推动立法联系单位覆盖更多行业、领域、地区，特别是各基层联系单位以座谈会、院坝会、茶话会、漫谈会等多种形式开展征询。同时，沙坪坝基层立法联系点各基层联系单位还以座谈会、院坝会、茶话会、漫谈会等形式开展征询工作，就这样，“原汁原味”的民意在社区榕树下、在老旧小区里形成，全过程人民民主的故事在内街小巷里发生，正在成为巴渝大地上群众日用而不觉生活的一部分。

截至 2023 年，沙坪坝基层立法联系点共计接收《中华人民共和国地方各级人民代表大会和地方各级人民政府组织法》等立法草案征询任务近 10 件，组织开展立法意见征询会、座谈会、院坝会等各类征询活动 30 余次，沙坪坝全区已有上万名群众参与 30 部法律法规的意见征询，收集各类意见建议共计 722 条，整理上报意见建议 417 条。在已通过的噪声污染防治法和地方组织法中，有 18 条意见建议被不同程度采纳吸收。自此，人民民主的种子深入人心。2022 年，重庆市人大常委会为第二批市级基层立法联系点授牌，2023 年重庆市人大常委会基层立法联系点已经达到 10 个，涵盖政府机构、社会组织、高校等单位，为在立法中坚持和发展全过程人民民主，保证立法全过程、各方面彰显社情民意提供了重要支撑。

（二）一个社区立法联系点的“点轴面”

携带笔记本，身穿印有“立法联系点”字样的蓝色马甲的重庆市沙坪坝区石井坡街道居民周耿和妻子黄雪莉最近穿梭于街巷，为正在制定的《重庆市养犬管理条例》向群众征集立法意见和建议。如何规范不拴犬绳行为，怎样让养犬条例‘长出牙齿”，有效减少犬只伤人现象？每到一个小区，周耿和黄雪莉都会围绕相关问题同居民们交流，不时在笔记本上做着记录。养犬管理问题事关民生，社会关注度高，在立法阶段听取来自群众原汁原味的声音，将“群言群语”转化为“法言法语”，是周耿和黄雪莉作为石井坡街道信息采集员的主要职责。像他们这样的信息采集员，在全街道一共有 300 多人。[①]

除了沙坪坝人大常委会这样的“国字号”基层立法联系点，社区基层立法联系点在反映民情、倾听民意、汇聚民智等方面也是大有可为的。沙坪坝区石井坡街道中心湾社区不仅是重庆首批设立的基层立法联系点之一，也是在深化全过程人民民主基层实践中颇具特色的基层立法联系点之一，极大地推动了基层群众参与立法的深度、广度，保障了立法直接反映和体现民情、民意、民智、民心。

1. 抓好信息采集员这个社区立法联系点的“点”

在基层立法联系点运行过程中，信息采集员队伍是基层立法联系点的核心力量，信息采集员发挥着重要的纽带作用。沙坪坝基层立法联系点创新工作机制，依托中心湾社区居委会，由居委会书记兼任立法联系点负责人，一名居委会工作人员担任立法联系点联络人，石井坡街道所辖所有居委会均指定一名联

---

① 汪茂盛：《画好“最大同心圆”》，《当代党员》2022 年第 15 期。

络员兼信息采集员负责联络所在社区的信息采集员队伍。截至2023年5月，中心湾社区在20个居民区和辖区88家非公经济和社会组织设置“信息采集点”，打造了一个涵盖居委会、企业、机关部门、物业小区和群团组织的“信息采集矩阵”。

这些“采集员”绝大多数是来自本辖区的社区居民和在辖区工作的各界人士，石井坡街道从辖区居民中遴选出300余名热心群众，深入居民身边征求意见，同时招募信息采集员633人，在7个社区、6个高校律所、20个居民区、80余家企业设立15个“信息采集点”，确保庞大而精细的信息采集“矩阵”意见收集“广”、民情反映“准”、民意提炼“深”。在中心湾社区驻地门前的广场上，还建起了3200余平方米的会客厅，吸纳社区顾问律师、共建单位法律专业人士等组建专业人才队伍，为汇总、提炼居民建议提供支持，让基层“原汁原味”的立法意见精准转化为实用性更强的“法言法语”。队伍建设的“专”和民

沙坪坝区中心湾社区基层立法联系点信息采集员向群众征集立法意见建议

意收集的“广”在为立法征询工作打下扎实的基础的同时，也带动了许多新“采集员”开展工作。推广“信息采集积分卡”，制定信息采集员激励办法和“积分兑换”制度，“得分”群众可以在街道100余家积分商城会员商铺兑换商品或服务，深度激发了群众参与度。

2. 抓住制度机制这个社区立法联系点的“轴”

以《全国人大常委会法制工作委员会基层立法联系点工作规划》和《重庆市人大常委会基层立法联系点工作办法》为指导，沙坪坝区先后制定了《关于支持和保障重庆市人大常委会基层立法联系点工作的意见》《沙坪坝区人大常委会关于支持和保障市人大常委会基层立法联系点（中心湾社区居民委员会）工作的意见》。2022 年 5 月石井坡街道探索制定了《中心湾社区基层立法联系点激励办法（试行）》规定，对于信息采集员每次的上报、采纳、普法、宣讲、接受采访、参会和参与志愿服务活动等给予 2 ~ 40 元不等的奖励，立法建议若被国家、市人大采纳和部分采纳，则给予 200 ~ 1000 元不等的奖励。此外还通过寄送祝贺信、颁发纪念杯，提供相关资料、工作服，提供培训和外出考察机会等形式进行综合激励，这一系列制度规定有力地保障了社区立法联系点的规范有序运行。

中心湾社区基层立法联系点还不断建立健全工作机制，探索形成了“三甄三译”的“六步征询法”：联系点工作组及负责人“一甄”，根据法律法规草案的具体内容甄别是否适宜在本社区全面征集意见，或跨社区拓展征集意见；若适宜，则由共建单位的法律专业人士进行“一译”，向辖区信息采集员及群众代表详细解读草案内容及调研重点。以信息采集点为单位征集立法意见建议的，由相关工作人员进行“二甄”，甄别具体意见建议的针对性和可行性并汇总报至基层立法联系点；报至基层立法联系点的立法意见建议，须通过联席会议进行“二译”，由参与联席会议的律师顾问、共建单位进行分析论证，在保留群众意见“原汁原味”的同时，给予必要的补充和阐释。此后，由联系点工作组及负责人进行“三甄”，形成最终的立法意见建议报告，上报市人大常委会或有关专工委；相应的法律法规正式出台后，基层立法联系点还要发动共建单位、信息采集员等进行“三译”，向群众广泛宣讲和解读“官方”的版本，实现意见征集“三上三下”，确保基层声音“原汁原味”反馈到国家立法机关。

这种制度机制很好地将社情民意贯穿于立法事前、事中、事后三个环节——立法意见征集前政策解读工作、立法中意见征集工作和立法后的普法宣传工作。尤其是注重前期立法解读工作，就是把“法言法语”转换为群众语言，从中找出与群众密切相关的、让群众感兴趣的点，帮助群众更好理解法律法规内容并充分表达意见建议，从而提升民主立法的有序性和有效性。[①]

3. 抓稳阵地建设这个社区立法联系点的“面”

中心湾社区打造了1000平方米的民意会客厅，集中展现该立法联系点工作成效，集中开展立法征询工作。石井坡街道也大力支持，充分调动基层力量，依托“和顺茶馆”“和美大院”“过坎居”等基层社会治理品牌和红岩资源，将立法联系点建设与人大代表家站建设进行深度融合，与网格化管理相融合，与党群服务站、红岩市民调解站、公共法律服务站等基层治理单元相融合，实现了阵地共建、功能共融、品牌共创、活动共推、信息共享，并以座谈会、院坝会、茶话会、漫谈会等多种形式开展立法征询工作。与此同时，中心湾社区基层立法联系点还依托自行开发的“E党建”小程序、工作微信群等软件，让群众“线上”反映立法建议，开展“线上培训”“线上普法”“线上意见征询”，打造

① 张红梅、王亚同、何春阳：《“炸锅”的微信群里，涌动着鲜活的基层民意》，《重庆日报》2023年2月20日。

“24小时不打烊”的工作平台。[①]

中心湾社区的这一举措不仅提高了立法征集意见工作的效率，也更方便群众提出立法意见建议。自基层立法联系点设立以来，从线上收集到的立法意见建议有80余条。而这些意见建议是否被采纳，也会通过线上渠道反馈给群众。如此一来，将线上技术赋能“社情民意征询”+线下打造“意见征询会、开放式漫谈会、问效评估会和特钢贤人坊”搭建“三会一坊”工作载体，广泛征询群众及辖区社会单位的立法建议，实现既能“屏对屏”又能“面对面”的“线上+线下”的法“智”新途径，让“智慧化+铁脚板”共同服务于民主立法工作，服务新时代全过程人民民主的重庆实践。

石井坡街道中心湾社区被重庆市人大常委会确定为基层立法联系点，成为重庆主城区第一个基层立法联系点，自成立以来，该社区立法联系点作为一个平台，不仅组织居民积极参与各类立法意见征集，还成为普法宣传的示范点，真正实现了立法普法从群众中来再到群众中去。截至2022年7月，中心湾社区基层立法联系点已完成19部法律草案的立法征询任务，累计上报意见建议294条，在已公布的法律草案中，有37条意见建议被国家或地方立法采纳认可，其中完全采纳15条，部分采纳12条，助推国家和地方立法取得显著实效。

（三）民主不只是一张“选票”

2005年，重庆特钢集团公司宣告破产。中心湾社区作为所在地，也变得“环境脏兮兮，人心乱麻麻，秩序乱糟糟，问题成堆堆”。十余年来，社区久久为功，特别是2020年中心湾社区基层立法联系点建立以来，深入践行和发展全

① 苏二威：《关于加强基层立法联系点建设的思考——基于重庆市首个社区型基层立法联系点中心湾社区的调研》，《人大研究》2023年第2期。

过程人民民主，以基层立法联系点催生基层治理新气象。多年来，社区紧紧依靠党委领导、人大主导、群众主体、专家参与，精耕基层民主立法、民主治理，让民主不只是一张“选票”，而是经由民主“点”带面不断探索基层群众共建共治共享的新模式、新举措，不断赋能基层治理新成效，如今，中心湾社区群众真正成为“幸福湾里人”。“现在我们这里啊，垃圾不乱丢了，坝坝舞也不扰民了，街坊吵架的也少了，我们老百姓的话，有人听，有人传，有人用，我觉得这就是最大的幸福感、获得感！”居民王福兰说。

基层立法联系点，一头连着立法机关，一头连着基层群众，是反映民情、倾听民意、汇聚民智的立法“直通车”，更是丰富民主形式、拓宽民主渠道的生动实践。近年来，中心湾社区持续探索基层立法联系点与辖区治理的契合点，推动基层立法联系点拓展功能，与民生改善、社会治理、法治建设等工作相融相促，并将基层立法联系点的理念、方法、思路、举措融入基层社会治理中，以“居民小两会”“三张清单”“六步工作法”为纽带共商社区公共事务，“大伙的事大家商量着办，社区的事居民自己作主”，充分利用基层社会治理的创新载体，多方联动畅通民意沟通渠道，如依托石井坡中心湾社区现有社会治理品牌“特钢能人坊”，形成了特钢能人议事苑、纾解角、和事佬“三坊联动”民意沟通互动制度体系；在推进城市更新、老旧小区加装电梯等方面，社区发动信息采集员全覆盖征询意见，发动律师信息员提供法律指导，积极求解民意最大公约数，妥善解决老旧小区改造、文明行为促进等难题，多个老旧小区“没有物管，胜似物管”“破茧蝶变”的鲜活案例生动展示了社区居民自治能力，基层治理效能明显提升，中心湾社区居民委员会也被评为全国先进基层群众性自治组织，实现良法和善治齐头并进。

依托基层立法联系点，搭建起与共建单位联动共治的平台，结合实际形成民主公开、民主决策、民主协商的多种方式，如在完善配套基础设施、修建文化广场、深化老旧小区改造等方面，积极求解民意最大公约数，不断畅通群众诉求表达渠道，推动居民深度参与社区治理，实现了民愿更贴近、民生更便利、民风更淳朴、民和更团结、民安更有力、民悦更同心，真正让群众意见建议转化为治理力量和街道社区的工作方向，切实打通基层治理“神经末梢”。社区办成了一批让群众看得见、摸得着的实事和好事，投资500多万元的花弄里老旧小区改造、消防设施改造、适老化改造、老年中心等项目纷纷落成，温情的邻里文化蔚然成风，口心湾民生更便利、民愿更贴近、民悦更同心。正如居民所说：“借助基层立法联系点，一批‘急难愁盼’问题得以推进解决，群众的意见即便不能上升为法条，也能充分转化为现实‘治理力’，让为民立法更有温度、基层治理更有精度。”

二、街道议政代表会议，拓展全过程人民民主实践

习近平总书记深刻指出：“民主不是装饰品，不是用来做摆设的，而是要用来解决人民需要解决的问题的。”[①]中国式民主是历史和现实、理论和实践、形式和内容的统一，换言之，民主的真谛不是抽象价值判断，而是必须体现在真正解决实践中人民群众急难愁盼的问题上。

根据我国有关法律规定，街道作为区县政府的派出机构，不选举产生本级人大代表，亦不召开人民代表大会，但作为重要基层社会治理单元，其拥有着促进经济社会发展、管理公共事务的实体权限，且实际履行所在街道政治、经济、文化、社会管理和生态文明建设等重要行政管理职能，同乡镇一级政府一样需要处理大量的基层治理事务和同人民群众利益密切相关的决策事项。然而相较于乡镇依法选举产生本级人大代表并组织召开人民代表大会来监督政府，街道事实上又面临民主议事和监督工作的制度机制“缺位”困境，不仅人大街道工委的工作职责没有法律明确规定，发挥作用空间不大，履职较困难，而且所在街道居民有效广泛参与基层治理和民主决策的载体也相对“缺失”，如何填补政治制度空白，在街道一级治理单元中搭建群众表达诉求、共商共治、监督评议平台成为新

① 《习近平谈治国理政》（第四卷），外文出版社 2022 年版，第 258 页。

时代新征程基层坚持和发展全过程人民民主必须直面的重要课题。

重庆作为直辖市，没有设区市的行政建制，大致为直辖市－区县－乡镇这样三级行政管理体制。随着近年来城镇化的推进，区县一级政府为了加强基层建设并提升行政管理效能，目前已设有相当数量的街道基层治理单元，它们如何在基层治理中坚持和发展全过程人民民主，探索具有重庆辨识度的民主管理制度、民主治理机制和民主运行内容成为理解并观察中国式现代化的重庆故事之民主篇章的重要窗口。事实上，以街道议政代表会议为典型模式的街道基层民主治理体系和民主实践场景正在巴渝大地徐徐铺展开来，不断拓展和深化新时代新征程全过程人民民主的重庆市域实践，民主正成为巴渝大地大力推进中国式现代化的重要抓手和幸福底色。

（一）全面推行街道议政代表会议制度

在重庆市綦江区新盛街道陈家村，议政代表唐烯程正与脱贫户代鸿广交流近期情况。2020 年 1 月，新盛由镇改设为街道，原新盛镇人民代表大会以及镇人大代表不复存在。同年 7 月，经过层层筛选，包括唐烯程在内的第一届街道议政代表被推选出来。“在我看来，以前的镇人大代表和现在的议政代表都是一样的，都是履行为人民服务的义务。”唐烯程说。当选街道议政代表后不久，唐烯程就结合自身开办养牛场的经验，提出了“政府引导＋合作社托管＋专业公司运营＋贫困户受益”的建议。新盛街道及时采纳了这一建议，不到 3 个月，便在陈家村成立了海强肉牛养殖农民专业合作社。当时还是建卡贫困户的代鸿广积极参与其中，不仅可以在养牛场打工获得收入，还能参与合作社分红。“一年算下来收入有 4 万多元，比我去外面打工强。唐代表真正为老百姓办实事，这点我深有感触。”代鸿广说。和唐烯程一样，新盛街道的议政代表们主动担负起“议政”“督政”的职能，同时还努力当好党委、政府与人民群众之间的“连心桥”。而这一现象背后要从2019年在綦江探索实践的议政街道代表会议制度说起。

重庆市綦江区共有5个街道，截至2023年底，户籍总人口26万余人。撤镇设街前，按照选举法有关规定，应配备至少530名乡镇级人大代表。但现在，这530名乡镇级人大代表资格自动终止，26万余人要表达诉求该找谁呢？在这种情况下，如何做到撤销乡镇人大而不撤“监督”？如何保持民意表达渠道的畅通？人民当家作主如何体现？2019年5月，在经过充分调研论证后，重庆市綦江区人大常委会在古南街道率先探索推行议政代表会议制度，2020年6月，在总结试点经验基础上，又在全区7个街道全面推广实施。

为了保证街道议政代表会议制度可持续的推进，綦江区人大常委会先后出台《关于建立街道议政代表会议制度的意见》（以下简称《意见》）和《街道议政代表会议议事规则（试行）》等制度规定，明确规定议政代表会议是在街道党工委领导下建立的由议政代表组成的议政议事平台，由区人大常委会各街道工委组织实施。议政代表应体现先进性、广泛性和代表性，由辖区村（居）民代表、党员代表、离任村（居）干部、知名人士、专业人士、企事业单位代表等组成，其中，妇女代表不低于30%、村（居）专职干部不高于30%。[①]

议政代表经推荐、考察、审查、公示等环节，并报经街道党工委同意后确定。议政代表会议的主要任务包括：听取街道办事处全面工作报告和专项工作报告、听取街道办事处财政收支计划和执行情况的报告、听取街道办事处民生实事项目计划和完成情况的报告、听取街道办事处关于议政代表建议意见办理情况的报告等，并根据工作需要，对街道办事处及内设科室的工作开展民主评议和满意度测评。

① 之所以这样规定主要是考虑到议政代表对应联系的社区都是自己生活工作的地方，对当地社情民意比较熟悉，更能准确了解群众的所想、所盼、所忧，更有效地继续畅通民意表达渠道。

议政代表会议每年召开一至两次，一般于年初或年中举行。《意见》还规定，议政代表有权对街道办事处及其内设科室、下属事业单位的各方面工作提出建议意见，针对议政代表提出的建议意见，区人大常委会街道工委在一个月内交由街道办事处相关部门办理，承办单位应在两个月内办理完毕，并书面答复议政代表。区人大常委会街道工委负责督促检查有关部门对议政代表建议意见的办理情况。①

街道议政代表会议制度的实施在完善街道民主决策机制、加强街道民主监督、打通联系服务群众"最后一公里"等方面发挥了积极作用，不仅拓宽了街道社情民意传递渠道，还丰富了基层全过程人民民主政治内涵，进一步推动了基层决策民主化、科学化、法治化。

綦江区古南街道议政代表走进院坝听民声

① 陈越：《綦江区人大常委会全面推行街道议政代表会议制》，《公民导刊》2021 年第 1 期。

（二）“两代表”结对履职更高效，合作履职更便民

在老旧小区改造方面，文龙街道菜坝社区则通过加强区人大代表与街道议政代表之间的联系，解决群众身边的“急难愁盼”问题。

36 岁的朱南翔是菜坝社区的综治专干，也是一名街道议政代表。“通过走访了解、居民反映等方式收集问题后，我们能够解决的问题就立即为他们解决，我们不能解决的就通过议政代表的形式向区人大代表反映。”朱南翔说。

在虹桥小区改造过程中，身为区人大代表和社区党支部书记的刘世群给了他不少帮助。“议政代表收集居民诉求后，通过我们向街道反馈。街道收到反馈后，就把老旧小区改造这个项目定在了虹桥小区。改造过程中，我们的议政代表也在走访群众，收集意见。”刘世群表示。

经过改造，虹桥小区增设了露天停车位、修剪了行道树、种上了各类花草、整治了消防通道、增添了休闲健身设施……不少楼栋还装上了电梯，整个小区面貌焕然一新。“现在花草种好了，路也修好了，我们出行很方便。特别是休闲亭建起后，我们邻里间的凝聚力增加了。”文龙街道菜坝社区居民周顺明乐呵呵地说。

在文龙街道，像刘世群这样的区人大代表共有 24 名，他们与街道 55 名议政代表结成对子，帮助指导议政代表履职尽责。[①]

与此同时，人大代表和议政代表们还助力基层社会治理，丰富基层民主政治建设实践。在重庆綦江区三江街道，通过在社区设立代表之家联络站，人大代表、议政代表每月的代表接待日都会在这里接待选民，渐渐地，这里也成了

① 涂萍、廖静、白釜汶：《人民嘱托：议政代表　与民同行——全过程人民民主的綦江实践》，重庆綦江网，https://www.cqqjnews.cn/qijiang_Department/Department50/2022-06/22-content_4548700.html。

代表们的“矛盾调解地”。代表积极参与疏导、多元调解、紧盯矛盾风险隐患，实现与社区民警及网格员信息共享、协助联动，不断提升基层社会治理水平，让基层运转通畅顺畅，为打造和谐平安民主社区贡献代表力量。

无论是议政代表还是区人大代表都要经常同群众打交道，同他们交流交心，为了更好地听懂民情、传好民意，他们还积极总结工作经验，创新工作方式方法，在日积月累的群众工作实践中，他们提炼的“访”“听”“问”“议”“督”五字工作法正派上大用场、发挥大作用，这五字工作法贯穿群众工作全流程、各环节、各领域，大大提升了议政代表工作实效，议政代表会议成为街道基层治理中民主决策的重要渠道，成为与群众沟通、接受群众监督的重要平台。

（三）一株腊梅留不留，30 多人开了 5 场院坝会

“我不拆！这是我的花园，我为什么要拆，你说啥也没用！”虽然过去了大半年，但回忆起那场“火药味十足”的院坝会，刘瑜依然印象深刻。院坝会上，她刚开了个头，住在 11 号楼一层的王桂清老人就脸红脖子粗地把她的话打断，情绪异常激动。[①]

刘瑜是綦江古南街道的议政代表。她这样定义自己的职责：填补街道无人大代表的空白，在街道与群众之间架起民意桥梁。

“王婆婆，你莫生气嘛，听我慢慢把话讲完。”刘瑜连忙来到老人身边，笑着给老人拍背顺气。“这次改造工程是街道好不容易争取来的，政府出钱给大家改善居住环境，哪里要不得嘛。以后小区环境越来越好，房子都要增值哦。”1 个多小时的院坝会，刘瑜费尽口舌，把改造工程对老百姓的好处讲得清清楚

① 张红梅、周尤：《一株腊梅留不留 30 多人开了 5 场院坝会》，《重庆日报》2023 年 2 月 22 日。

楚，获得了不少居民的理解支持，但是王婆婆依然不松口，态度坚决。

綦齿社区4村属于老旧小区，基础设施相关费用欠账很多。2020年7月，有不少居民向刘瑜反映，小区出现墙皮水泥块脱落、顶楼漏雨、乱搭乱建等问题。通过走访调查、入户征求意见，刘瑜履行议政代表职责，向古南街道提交了一份《关于棚户区改造的建议》。2022年1月，在綦江区人代会上，区人大代表刘进在刘瑜建议的基础上进行完善，提交了《关于启动桥河片区旧城改造项目的建议》。此后，綦江区住建委将桥河片区纳入2022年老旧小区改造项目。

至此，属于桥河片区的綦齿社区也迎来了一场“大变身”。

本次改造工程，最关键的一环就是拆除底楼居民自己搭建的花园，还原消防通道。而王婆婆是端头的那一户，她不同意拆除，后面没办法推进。

“居民有自己的诉求，作为议政代表，我必须去倾听，同时做好协调工作。”那段时间，连吃饭睡觉时，刘瑜满脑子想的都是“怎么做通王桂清的思想工作”。此后，刘瑜有事没事就到11号楼下转悠，见到王桂清就拉家常。渐渐地，老人对刘瑜的抵触情绪消失了。自己下功夫还不够，刘瑜请来了“外援”——社区一位工作人员是王婆婆女儿的同学，通过给王婆婆女儿做工作，两个月后，当初“说啥也不拆”的王婆婆终于同意拆除底楼花园。但王桂清也给刘瑜提了个小要求：“花园里养了许多年的腊梅花实在舍不得，花园拆了，要把腊梅花保留，种在窗户下，让我推开窗就能闻到腊梅香。”“没问题！”这个要求刘瑜最终帮老人实现了。

类似的院坝会，在短短半年里，刘瑜召集了12次，解决的都是诸如小区路面和外墙面选什么颜色更好看、雨棚要多宽才能晾衣服、楼道上要不要架设门廊等“鸡毛蒜皮”的小事。

“没想到啊，我这个岁数还能再住一次‘新’房子。”82岁的居民谭光明看着社区一天一个样的变化，心里别提多美了。他说，改造过程中遇到了很多困难，幸好有议政代表不厌其烦地组织居民开会商量，耐心倾听每位居民的意见建议，维护居民的权利。现在，走进綦齿社区4村，道路平整宽敞，楼道干净亮堂，墙面颜色统一，处处洋溢着生机活力。11号楼王桂清老人家窗前，腊梅树也傲然挺立着，静待明年冬天鲜花盛开。

三、地方创制性立法，推动法治重庆建设往实里走

全面依法治国是中国式现代化的内在要求和重要保障。推进人口规模巨大的现代化必须坚持全面依法治国，推进全体人民共同富裕的现代化必须坚持全面依法治国，推进物质文明和精神文明相协调的现代化必须坚持全面依法治国，推进人与自然和谐共生的现代化必须坚持全面依法治国，推进走和平发展道路的现代化必须坚持全面依法治国。党的二十大报告明确指出："必须更好发挥法治固根本、稳预期、利长远的保障作用，在法治轨道上全面建设社会主义现代化国家……全面推进国家各方面工作法治化。""法治兴则民族兴，法治强则国家强。"一个现代化国家必然是法治国家。

随着中国式现代化不断深入拓展，全面依法治国将承载更多使命、扮演更为关键的角色、发挥更为重要的作用。地方法治建设是国家法治建设的重要组成部分，是中国式法治现代化发展的重要支撑。新时代新征程谱写中国式现代化之重庆篇章，推进中国式现代化之重庆实践，必须厉行法治重庆建设，坚持依法治市、依法执政、依法行政共同推进，法治城市、法治政府、法治社会一体建设，坚持科学立法、严格执法、公正司法和全面守法，在坚持国家法制统一原则下，不断打造具有重庆辨识度、全国影响力的法治建设成果，推动法治重庆建设往深里走、往实里走。其中，围绕重庆经济社会发展实际的地方创制

性立法更是有典型示范意义的法治实践成果，它为中国式法治现代化贡献了重庆智慧和山城力量。

事实上，地方如何进行创制性立法始终是地方立法面临的难题，它要求地方立法必须力戒“千篇一律”、没有特色、缺乏针对性和可操作性，正如习近平总书记反复强调的：“地方立法要有地方特色，需要几条就定几条，能用三五条解决问题就不要搞‘鸿篇巨制’，关键是吃透党中央精神，从地方实际出发，解决突出问题。”[①] 2023年修订的《中华人民共和国立法法》不仅在地方立法章节增设区域协同立法、基层立法联系点等条款，还对地方立法提出创制性、民主性、统一性等要求。

所谓创制性立法，是指地方立法机关就上位法和其他地方尚未立法的事项，或者根据地方特色事务需要，进行法律制度创新的活动。创制性立法具备以下特征：一是选题原创性。尚未立法的事项是指国家没有立法，其他地方也没有立法，属于本地原创。二是制度创新性。制度创新是创制性立法的核心，即使选题具有原创性，如果内容只是将相关上位法条款进行拼凑，那也不是创制性立法。三是可复制性。创制性立法探索成熟后可以被其他地方立法复制借鉴，甚至被国家立法吸收采纳，这是创制性立法的重要价值所在。[②] 重庆作为直辖市的20余年来，无论是在国家立法的实施性立法上，还是在地方的自主性立法上，都坚持突出地方特色，树立精品意识，制定了一些质量较高的地方性法规，出台了一批具有重庆辨识度的创制性地方立法成果，在全国范围内产生了广泛影响。

---

① 《习近平谈治国理政》（第四卷），外文出版社2022年版，第292页。

② 余文斌：《创制性立法：创造性开展地方立法的重要举措》，《学习时报》2022年9月28日。

（一）川渝合作协同立法，助力双城经济圈建设发展[1]

良法，是高质量发展的重要保障。2023年是成渝地区双城经济圈建设提出的第三年。三年来，川渝两省市人大紧密携手，围绕营商环境、生态保护和文化遗产保护等重点领域加强立法，走出了常态化协作、制度化推进的立法新路子。

1. 赋能市场主体，协同立法“首秀”营商环境

2021年7月1日，川渝两省市优化营商环境条例同步施行，成为川渝协同立法的首项成果。

“30余项具体条款实现了制度对接，4处规定完全一致……尤其是开办企业全流程‘一网通办、一窗领取’，对业务类别、办结时限等作了一致要求，大大便捷了在川渝两地同办企业，未来两地的经济交流将更加密切。”川渝两地的企业家们为首部协同立法同声点赞。

首度协同立法的成功，在川渝两地引起很大反响，为唱好“双城记”、建好“经济圈”释放出新的市场活力。

2. 紧盯生态环境，“决定”+“条例”同护嘉陵江

千百年来，嘉陵江一江春水哺育了沿岸川渝人民。

2021年11月25日，重庆市人大常委会和四川省人大常委会分别表决通过《重庆市人民代表大会常务委员会关于加强嘉陵江流域水生态环境协同保护的决

---

① 曾昌文、陈博、李家亮：《成渝双城共谱“法治协奏曲”》，《四川法治报》2022年10月11日。

定》和《四川省嘉陵江流域生态环境保护条例》，并于 2022 年 1 月 1 日起施行，这是川渝协同立法的第二项成果。

“共同推进嘉陵江流域保护，对于巡河队来说，无疑是重大的利好消息。”来自基层的干部群众对这次立法“及时雨”拍手欢迎。

“一张清单管两地”，按照《重庆市人民代表大会常务委员会关于加强嘉陵江流域水生态环境协同保护的决定》和《四川省嘉陵江流域生态环境保护条例》相关规定，两地将通过信息互通、生态环境联合执法、突发水污染事件应急联动等措施，依法保护嘉陵江流域水生态环境。

3. 护航交通设施，协同立法“聚焦”铁路安全

“表决通过！”2022 年 3 月 30 日、3 月 31 日，川渝两地铁路安全管理条例分别通过表决，并于 5 月 1 日起正式施行，第三个川渝协同立法项目落地。

“构建互联互通、管理协同、安全高效的基础设施网络。”《成渝地区双城经济圈建设规划纲要》提出要求。

川渝两地人大常委会共同协商、协同制定，于 2021 年 11 月底同步审议铁路安全管理条例草案，对两地铁路建设安全、线路安全、运营安全等事项予以协同规范，创新探索铁路、地方部门安全管理模式，依法维护和加强川渝两地铁路运营安全。

一部法，构建营商环境法治“围栏”；一条江，见证川渝人大维护流域生态安全；一条路，织牢安全管理法网。当前，川渝两地人大正推进川剧保护传承条例协同立法，通过联合调研、共同协商、同步推进，为保护传承发展川剧文化提供坚实的法治保障。

（二）坚持人民主体地位，彰显群众利益至上的创制性立法

人民是法治重庆建设的实践主体，人民是法治保障体系的需求主体，人民是法治重庆建设成效的评价主体。新时代重庆推进中国式法治现代化最鲜明的特征就是站稳人民立场，回应人民诉求，相关地方创制性立法始终坚持以人民为中心，紧紧围绕人民利益、立足人民需求展开立法调研、论证和制定。

近年来，重庆先后审议通过了中医药条例、全民健身条例、人力资源市场条例、公共汽车客运条例、红十字会法实施办法、公共文化服务保障法实施办法、国有土地上房屋征收与补偿条例等法规，直面问题、回应关切。

修改实施多年的《重庆市人口与计划生育条例》，围绕实施三孩生育政策，细化支持生育措施，完善生育服务管理。例如，符合法律法规规定的女职工生育后产假天数由 30 天延长到 80 天，尚处于护理假休假期间的男职工可享受 20 天护理假，依法领养子女的夫妻，同样可以依法享受育儿假，取消再生育审批制度，实行生育登记服务制度，确保国家政策在地方“最后一公里”落实落地。

通过的《重庆市见义勇为人员奖励和保护条例》，重点从评审认定、奖励优待、权益保护等方面进行规范，鼓励见义勇为行为，保障见义勇为人员的合法权益，弘扬社会正气，为培育和践行社会主义核心价值观提供立法支撑。

结合重庆实际推动制定的《重庆市生活垃圾管理条例》，对生活垃圾管理工作职责、规划建设要求、分类投放收集运输处置等各环节作出规定，促进生活垃圾源头减量、管理端口前移，为推动高质量发展、创造高品质生活提供法制保障。

《重庆市文明行为促进条例》注重把实践中被广泛认同、较为成熟、可操作性强的道德要求转化为具有刚性约束力的法规制度，针对维护公共卫生、推进

社区文明、反对食品浪费等 14 个方面作出了科学的制度安排。

修改城市供水节水条例，对供水水质、应急供水、二次供水等提出新要求；出台《重庆市慈善条例》，重点补充完善了慈善组织义务、个人求助条件、媒体开展慈善公益宣传责任等制度。在《重庆市养犬管理条例》统一审议阶段，通过实地调研、专家论证、网络调查问卷等多种方式，广泛倾听主管部门、社会组织、基层群众等的意见建议，对限养犬只数量、犬只识别等群众普遍关心的制度安排作了进一步完善，明令禁止 13 种不文明养犬行为，让立法充分体现人民利益、反映人民愿望、维护人民权益、增进人民福祉。

（三）立足新重庆，彰显重庆特色的创制性立法

重庆是山水之城、美丽之地，不仅拥有悠久的巴渝文化、移民文化，还有抗战文化、红岩文化，孕育了特色鲜明的重庆人文精神。2023 年新修订的《中华人民共和国立法法》明确规定“可以对城乡建设与管理、生态文明建设、历史文化保护、基层治理等方面的事项制定地方性法规”。近年来，重庆进一步加强具有地方特色的创制性立法，成为谱写中国式法治现代化重庆故事的重要注脚。

2017 年重庆出台首部保护历史文化遗产的地方性法规——《重庆市大足石刻保护条例》；2022 年出台《重庆市红色资源保护传承规定》，加强对包括红岩文化在内的红色资源保护。出台《重庆市非物质文化遗产条例》《重庆市历史文化名城名镇名村保护条例》等地方性法规，进一步加强对地方历史文化遗产保护。

为了筑牢长江上游重要生态屏障，加快美丽重庆建设进程，重庆出台《重庆市水污染防治条例》《重庆市河道管理条例》《重庆市水域治安管理条例》《重庆市河长制条例》《重庆市湿地保护条例》《重庆市长江防护林体系管理条例》《重

庆市林地保护管理条例》《重庆市实施全民义务植树条例》等地方性法规。长江相关保护法通过后，重庆市积极开展涉及长江流域保护的法规专项清理，着重从规范产业发展、加强生态环境保护修复、统一行政处罚标准等角度进行研究，填补了需要通过地方立法补充完善的制度“空白”。

此外，《重庆市旅游条例》《重庆市风景名胜区条例》《重庆市数据条例》《重庆市生活垃圾管理条例》《重庆市科技创新促进条例》《重庆市公共场所控制吸烟条例》《重庆市散居少数民族权益保障条例》《重庆市禁止非法增加企业负担条例》等地方性法规也是符合重庆实际和颇具发展特点的地方性法规，这些法规为重庆地方创制性立法贡献了智识力量。

在实施性立法上，不刻意追求法规体例上的法典化和完整性，不重复上位法的相关规定，而是注重从细化上下功夫，增强法规的可操作性。如《重庆市实施〈长江三峡工程建设移民条例〉办法》《重庆市实施〈中华人民共和国红十字会法〉办法》等；注意突出对上位法的补充性，坚持有几条写几条，如《重庆市反间谍工作条例》《重庆市计算机信息系统安全保护条例》等；在创制性立法上，注意体现地方立法的独创性和试验性，弥补国家立法上的空档。对上位法尚无相关规定，或者无上位法，地方立法进行先行先试。比如《重庆市国家教育考试条例》率先地方立法，《重庆市司法鉴定条例》填补了上位法的空白，《重庆市行政执法责任制条例》对行政执法制度的建立与完善，《重庆市物业管理条例》确立的业主代表大会、物业服务收费、物业维修基金等多项制度，既切合重庆市物业发展实际，又具有比较好的立法前瞻性。

四、结语

习近平总书记深刻指出："我们要继续推进全过程人民民主建设，把人民当家作主具体地、现实地体现到党治国理政的政策措施上来，具体地、现实地体现到党和国家各个方面各个层级工作上来，具体地、现实地体现到实现人民对美好生活向往的工作上来。"[①]知屋漏者在宇下，知政失者在草野。建设好具有重庆辨识度的基层立法联系点、街道议政代表会议制度，不仅开创了更多群众参与社会治理途径和监督形式，拓宽了民主决策、民主监督渠道，而且是书写中国式现代化重庆民主故事篇章重要的实践创新，更是重庆加快基层民主治理体系和治理能力现代化的一个积极探索。此外，重庆统筹推进地方立法的立改废释，加强促进数字化变革、优化营商环境、产业转型升级、交通物流重大基础设施建设、壮大通道经济、发展平台建设、地方金融监管、生态文明建设、社会治理、民生保障等重点领域新兴领域创制性立法，注重推动与成渝地区双城经济圈毗邻地区、西部陆海新通道建设相关地区的协同立法，强化法规制度的系统设计和集成供给，深入推进科学立法、民主立法、依法立法，努力推进并实现重庆市域各方面工作的法治化，亦为谱写中国式现代化重庆篇章注入法治动力和支撑。

① 《习近平谈治国理政》（第四卷），外文出版社 2022 年版，第 261 页。

第五章

绿色见于心 生态见于行

著名诗人臧克家在《当记忆在它头上飞翔》中写道："嘉陵江岸那小小的土岗上 / 多少个黄昏，我们在它上面 / 撒下卑微的脚印 / 这些个黄昏的色调 / 心情和季候给它调得多微妙 / 我们依一数枫丹 / 看夕阳把江山照得多庄严 / 立在岸边，看江潮 / 从天边送下风帆，又急速地驰下去。"嘉陵江岸的土岗、枫丹、夕阳下的山、江潮和风帆正是对重庆山水之城的真实写照。

重庆地处我国内陆西南部、长江上游，四川盆地的东南面，地势由南北向长江河谷逐级降低，西北部和中部以丘陵、山地为主，东南部靠大巴山和武陵山两座大山脉，辖内包含长江、嘉陵江、乌江、涪江、綦江、大宁河等多条河流，是名副其实的山水之城。重庆的山水格局也造就了重庆丰富的生态资源。重庆多年平均水资源总量为 567.76 亿立方米，有 600 多种动物资源，近 100 种受国家一级至三级保护的珍稀动物，现有维管植物 153 科，640 属，6000 多种，其丰富程度仅次于云南、四川而居全国第三，有各类经济植物 5000 种以上。丰富的生态资源是重庆发展的物质基础，但如何让生态资源实现永续价值是新时代的重要考题。

重庆是长江上游生态屏障的最后一道关口，是长江中下游地区生态安全保护中不可或缺的角色，在国家生态保护大局中地位重要、作用独特。2016 年 1 月，习近平总书记在重庆召开推动长江经济带发展座谈会时提出了走生态优先、绿色发展之路。2019 年 4 月习近平总书记再临重庆考察调研，强调重庆要加强生态保护与修复，筑牢长江上游重要生态屏障，在推进长江经济带绿色发展中发挥示范作用。习近平总书记的殷殷嘱托，为重庆市生态环境修复治理、走绿色发展之路指明了方向。

一、综合施策，恢复绿水青山

2023年，三峡集团长江生物多样性研究中心在三峡库区及其上游开展长江中上游珍稀濒危野生植物调查时，在重庆江津区到四川宜宾市的10余个区县的沿江砾石滩上，发现了极度濒危物种——野生疏花水柏枝种群。同年2月，重庆雪宝山国家级自然保护区崖柏繁育基地人工繁育的崖柏幼苗，首次成功移栽至云南高黎贡山国家级自然保护区。5月31日，重庆阴条岭国家级自然保护区重点保护野生植物调查工作完成，发现了“三峡白前”“巫溪马铃苣苔”2个植物新种，以及“离萼杓兰”“中华叉柱兰”“龙头黄芩”等8个重庆新记录种。这一切的背后，是重庆不断加强生态保护和修复，推进人与自然和谐共生的阶段性成就。

2018年，一封落款为重庆市委、重庆市政府的信，被送往北京，递交到国务院。信中，重庆汇报了生态环保方面的工作情况，并恳请支持重庆开展山水林田湖草生态保护修复工程试点。2016年，国家多个部委联合启动国家山水林田湖草生态保护修复试点工程，如果重庆能实施这项工程，对生态环境的改善将起到至关重要的作用。但第一批试点、第二批试点都与重庆擦肩而过。为此，2018年国家启动第三批试点时重庆市委、市政府高度重视，不仅对申报方案进行再次优化，还联合致信国务院争取支持，并入选。重庆由此成为全国唯一把山水林田湖草生态保护修复试点工程放在城市中的省市，正式拉开了生态

渝北矿山公园生态修复后的图景[1]

修复的序幕。一次次实践不断丰富重庆生态修复的经验，在实践经验的基础上，2019 年重庆先是试点编制区域性的国土空间生态修复规划，2020 年全市层面的生态修复规划编制正式启动。2021 年重庆发展改革委、规划和自然资源局联合印发《重庆市重要生态系统保护和修复重大工程总体规划（2021—2035 年）》。2022 年，重庆市人民政府又印发《重庆市国土空间生态保护修复规划（2021—2035 年）》，完成了“1+4”生态修复规划体系，即规划文本“1”个，重庆生态基底研究、生态修复目标体系研究、国内外经验借鉴研究和规划实施机制研究“4”个专题研究。几年间，重庆在生态环境修复问题上开展了大量的政策、技

① 图片来源于重庆两江新区融媒体中心。

术创新，如探索将废弃矿坑作为城市建设弃土有偿回收地，出台历史遗留废弃矿山复垦指标交易办法等。生态修复长路漫漫，唯有不忘初心和持续的坚守方能守得绿水青山。[①]

（一）干流整治，恢复长江生态廊道

每逢周末，不到下午 4 点，重庆九龙坡区桃花溪畔亲水步道上的“小花市集”便人头攒动，充满烟火气的小吃铺子、新奇的文创摊位吸引了无数游客前来“打卡”。别看桃花溪现在是市民喜爱的郊游地，曾经它可是让大家捏着鼻子快速通过的臭水沟。[②]

桃花溪为流经重庆主城区的长江一级支流，全长 15.79 千米，流域面积 31.12 平方千米。河道发源于沙坪坝区，流经九龙坡老旧城区后，从渔鳅浩汇入长江。在 20 世纪八九十年代，桃花溪流域逐步被居民区和工业区覆盖，基础设施薄弱，沿线共有入河排污口 32 个，大量未经处理的工业污水、生活污水直接排进桃花溪，加之到入江口还有一段最大埋深约 100 米、长 2.8 千米的暗涵，因此，每到雨季，暗涵出口处就会出现雨污混合后的水直接汇入长江的现象，对长江的水质安全产生了较大影响。[③]

治理前桃花溪流域的污染是当地群众时常反映的问题，尤其是夏季，臭味大、污染重，一旦发生洪灾，流域内数十万居民身体健康和生命财产安全都会受到影响。与部分城市河流类似，在城市化过程中，桃花溪上游自然水源涵养

---

① 曾立、申晓佳：《生态修复的重庆探索》，《重庆日报》2021 年 7 月 26 日。

② 何宗渝、吴燕霞、李晓婷：《从“臭水沟”到“桃花源”——重庆九龙坡区桃花溪生态环境综合治理观察》，新华网，http://www.xinhuanet.com/local/2023-06/24/c-112971446.htm。

③ 李华曾、陈雨：《为了一江碧水向东流——入河排污口重回水清岸绿背后的重庆故事》，新华网，http://cq.news.cn/2023-04/10/c-1129507678.htm。

区逐步演变为建成区，上游自然补给水源匮乏，河流自净能力减弱，流域污染问题难以通过自然方式解决。尽管彩云湖国家湿地公园、彩云湖污水处理厂和扬声桥污水处理厂排出的清水能够成为桃花溪的源头补给，但水量难以满足桃花溪生态基流需求。与此同时，老城区还存在城市河流部分主河道和支流被掩埋、地下河道空间被各种基础设施侵占，以及雨污管网本底调查难度大、改造技术难度大、协调工作量大等困难。

污染在水里，根源在岸上。2022 年，重庆九龙坡区对桃花溪入江口渔鳅浩清污分流整治，拆除渔鳅浩曾用于拦截雨污的堰坝，通过暗涵内窥、排口溯源等查出混接、错接进入涵洞的污水来源 164 处，实现了清水入江、污水入网。在截流控污的基础上，着力开展水质提升、减污降碳和生态修复等综合治理。新建一座每天处理 5000 吨污水的水质净化站，实施彩云湖、扬声桥污水处理厂扩容提标改造，改造后有效保障了桃花溪生态基流和丰沛水源。清澈的河水还能助力生态补水，涵养彩云湖国家湿地公园。

系列治理后，桃花溪变了模样。桃花溪流域及渔鳅浩入江口水质已由劣Ⅴ类提升至Ⅳ类，长江和尚山国考断面水质达到Ⅰ类。桃花溪流域的生态环境治理实现了生态效益、经济效益、社会效益的有机统一。当地居民也纷纷反映，溪水清澈了，溪里还有鱼了，岸边也漂亮了，桃花溪成为休闲、健身的好去处。

近年来，重庆以推动水质改善为目标，深化推进“三江”干流排污口整治。截至 2023 年 4 月，重庆“三江”干流 4012 个排污口全部完成监测、溯源工作，排污口整治完成率达到 80%。2022 年，长江干流重庆段水质保持为Ⅱ类，培石出境总磷浓度连续 10 年下降，浓度较 2012 年下降 75%，全市 74 个国控断面水质优良比例达到 98.6%。与此同时，重庆创新实施全市 5300 余条河流“一河一策”方案，细化“一河一策”方案内容，明确实施技术路线，列出 37 项“一河一策”方案评审重点清单，邀请第三方专业机构、河长制专家库专家深度参与 24 条市级河流“一河一策”方案编制，全程指导参与区县“一河一策”方案编制，确定河流治理保护的“最优路线”。2023年6月，重庆召开第5号市级总河长令新闻发布会，明确川渝两地将用好幸福河湖建设的平台，围绕水安全共保、水资源共济、水生态共建、水环境共治、水文化共润的“五水共治”举措进一步共同筑牢长江上游生态屏障。[①]

（二）生态修复助力，尽显缙云本色

盛夏时节，重庆北碚缙云山上万木葱茏。早晨6点多，村民黄丽维吃过早饭，简单收拾后，准备去附近的黛湖逛一逛。45岁的黄丽维是北碚区澄江镇北泉村的村民，2023年的春节搬进了缙云山居，一家四口日子越过越美。过去，黄丽维一家住在缙云山深处的北泉村范家沟社的一栋低矮的土房子里。房子背靠缙云山凹处，日照不够充足，房子背后还有条排水沟。屋里常年都很潮湿，一到雨季到处都是一股霉味，根本不能住人。黄丽维一家宁愿在外面租房子住。黄丽维能够搬进如今宽敞明亮的小屋，主要得益于重庆北碚区缙云山生态环境综合整治行动。

缙云山脉是重庆中心城区的天然生态屏障。在缙云山脉深处，缙云山保护区是我国亚热带常绿阔叶林类型生态系统保持最好的区域之一，保护区内共有植物2407种、动物1071种，有“植物物种基因库”的美誉。但因位于超大城市近郊、多头管理等影响，发展受限，缙云山保护区内村民一度“靠山吃山”，农家乐无序粗放发展，私搭乱建、违规经营，“蚕食”林地、破坏生态。而作为缙云山上一颗“明珠”的黛湖，曾经长期被酒店和农家乐包围，不少生活垃圾

① 《川渝两地将以“五水共治”进一步共同筑牢长江上游生态屏障》，重庆市人民政府官网，http://www.cq.gov.cn/zt/cydqscjjq/xtfz/202306/t20230608_12045295.html。

和污水直排湖中，一度成为臭水潭，失去了本来的颜色。[①]

痛定思痛，2018 年 6 月，重庆北碚区打响缙云山国家级自然保护区生态环境综合整治攻坚战。缙云山综合整治之前北泉村有农家乐 28 个、度假村 7 个，当时黛湖周边就有 3 个农家乐，违法违规建筑高达 3 万多平方米，另外村里还有 5 个农家乐需拆除。综合整治难度相当大，为了加快整治进程，北碚区大量区、镇干部组成“尖刀班”，进入村里推进整治工作。

截至 2023 年，北碚区累计拆除缙云山建构筑物 62 万平方米，处理了 269 宗突出环境问题，实施生态修复项目 28 项，栽种植物 77.4 万株（棵），覆土复耕复绿 48.15 万平方米。黄丽维口中的黛湖，也从污染发黑变成如今碧波粼粼，花草环湖生长，成了市民休闲好去处。2019 年 3 月北碚区进行黛湖清淤，一个月清除淤泥 3600 多立方米。为了提升黛湖生态品质，让环境变得更加美丽，黛湖绿化修复工程在树种搭配上也是别具匠心：突出缙云山本土植物，大乔木有枫杨、香樟、乌桕等；灌木有缙云甜茶、缙云槭、木槿、腊梅等；地被植物有肾蕨、问荆、菖蒲、蒲苇等。缙云山山腰处的生态修复点“雨鸣涧”，山石围成层层小池，涓涓山泉顺池而下，池边植被繁盛，仿佛置身“巴山夜雨涨秋池”的诗情画意中。在一系列环境整治“组合拳”推动下，缙云山保护区再现蓬勃生机。[②]

为了解决山上人的下山问题，北碚区对山上核心区、缓冲区村民 203 户 520 人实施生态搬迁，引导实验区地质滑坡隐患和生态脆弱区域 162 人搬迁。生态搬迁试点有三个村落：缙云村、北泉村与虎头村。其中，北泉村生态搬迁房（缙云山居）位于北泉村，区域优势明显，交通便捷。秉承“以人为本、立足环境、

---

① 盾凯、周文冲：《系统修复生态　再现蓬勃生机——重庆缙云山国家级自然保护区生态保护观察》，新华网，http://www.xinhuanet.com/politics/2023-07/27/c_1129771803.htm。

② 伊永军：《川渝媒体走进缙云山　感受生态环境综合整治成效》，华龙网，https://news.cqnews.net/1/detail/1127647755633545216/web/content_1127647755633545216.html。

融于自然、重点打造”的理念，北碚区以绿地、山水、阳光的居住环境为主题，对道路、环境、建筑进行统一规划设计，实现建筑与自然环境相融合，提高居住品质。为了方便村民的安居乐业、解决村民的就业问题，北泉村为村民提供公益岗位16个、移动岗位289个。第一个响应生态搬迁的老党员蓝长生细数着生态搬迁的好处：生活有了保障，买了养老保险；公路通了；生态好了。

治山，是新重庆美丽计划的“九治”之一。2019年，重庆市人民政府办公厅印发《重庆市主城区“四山”保护提升实施方案》，指出要“着力实施‘四山’保护提升工作，保护、修复‘四山’自然人文环境，营造‘山在城中、城在山中’的和谐画卷”。2021年，中共重庆市委办公厅、重庆市人民政府办公厅联合印发《关于全面推行林长制的实施意见》，提出“在全市全面推行林长制”。

生态修复后的缙云山

随着《重庆市总林长令（第 1 号）》的发布，重庆市通过“四级”林长，针对森林资源乱侵占、乱搭建、乱采挖、乱捕食“四乱”突出问题，开展专项整治行动，全面迈入林长“治山”时代，16700 多名各级林长担起“治山”总责，确保了山有人管、林有人造、树有人护、责有人担。[①]同时，2021 年重庆启动了“两岸青山 · 千里林带”建设，编制印发《长江重庆段“两岸青山 · 千里林带”规划建设实施方案》《长江重庆段“两岸青山 · 千里林带”规划建设技术导则》等一系列政策文件。截至 2023 年，重庆森林覆盖率达到 55.04%，林木蓄积量达到 2.6 亿立方米，新增国际湿地城市 1 个、国家森林城市 4 个，创建全国森林旅游示范县 6 个，山林生态修复成效显著。

（三）污染治理，实现旧厂绿色蜕变[②]

2016 年，中央电视台《经济半小时》栏目以《“污染山”压顶小村庄》为题，曝光中化涪陵化工环境污染问题。当时的重庆市涪陵区双桂村，村民们个个都叫苦不迭。每天早上起来，村民们就被坝子上吹过来的白灰熏得睁不开眼睛，要是刮点风，到处就像下雪一样白花花的。平常家里的屋顶上、地面上，田里的庄稼和蔬菜叶子上，也总是被那种灰白色的粉尘所覆盖。这种粉末状的灰白色固体废渣是磷石膏粉尘，来自附近的中化集团重庆涪陵化工厂下属的磷肥生产厂。除了粉尘污染，村民还同时遭受空气污染，主要来源于磷肥厂的硫黄烟。

尽管化工厂称其在山下拦了一个坝，会将坝子拦下的污水抽回厂子里循环

① 董大法、刘微：《重庆林业　真抓实干生态建设　同心奋进共绘巴渝秀美山川》，《重庆日报》2021 年 7 月 1 日。

② 《从“灰漫天”到“花满园”——中化涪陵磷石膏堆场生态修复的“涪陵模式”》，涪陵网，https://www.fulingwx.com/page/news-center/currentAffairs/20220419/560404.html。

利用，但坝子明显拦不住所有的污水，污水多的时候就会流入长江。重庆涪陵化工厂分期分批租用双桂村的土地用于堆放工业废渣磷石膏粉，第一批土地租期20年，到2022年结束，租用的土地中耕地占据了98%。到2016年，堆放的磷石膏粉已经高达120米。一到下雨天气，雨水冲刷磷石膏堆后会溢出截洪沟，沿着山坡漫到田里和村子里，影响双桂村的生活用水。由于磷石膏粉尘常年飘落到田地里，粘上磷石膏粉的蔬菜会枯死，种植的果树也结不了果子，即便存活的蔬菜水果也由于遭受了污染而无法卖出去，只能留着农户自己吃。无论是村民的身体健康还是经济收入，都受到了非常大的影响。

2019年10月，涪陵区为保护好长江两岸生态环境，加快绿色发展步伐，对这个拥有50多年历史的国家重点磷复肥骨干企业以技改搬迁方式实施老厂区的全面关停，其磷石膏堆场提前闭库治理。工厂生产设备拆卸相对简单，但磷石膏堆场处理难度较大。过去，磷石膏堆场收集的渗滤液可以在生产装置内循环利用，企业停产后就会有直接进入长江影响水质的风险，而且行业内没有大规模磷石膏库渗滤液的稳定达标排放处理先例。为此，企业在多次邀请专家“把脉问诊”后，决定投资4770万元建造一座污水处理站，日处理3600吨磷石膏堆场渗滤液，在国内首次成功实现该类废水的稳定达标排放。

与此同时，中化涪陵设计了一套高标准磷石膏堆场闭库治理方案，对堆场下游边坡进行规范整治，使坝体稳定性更高，并覆土复绿。对堆场顶部进行防渗覆膜、覆土复绿，减少和隔绝雨水对坝体的影响。涪陵区委、区政府也对该片区进行了生态环境整治和恢复工程的总体规划和设计，先期实施了岸线生态修复项目，进行沿岸生态涵养林补植补造及滑坡整治等工作。2021年7月，磷石膏堆场闭库后对其进行生态复绿，将其改造成城市复绿休闲公园项目。截至2022年，完成绿化面积约23万平方米、乔灌木栽植约2000棵、硬质铺装约1.1万平方米。黄灿灿的木春菊、如雪般的满天星、浪漫唯美的蔓马缨丹……曾经令人触目惊心的磷石膏堆场，经一番“刮骨疗毒”的治理和打造后，现在被赋予了一个“脱胎换骨”的新名字——石龙山公园，成为涪陵推进生态环境治理和高质量发展的“绿色名片”。

2022年11月3日，国家林业和草原局印发《关于授予北京市石景山区等26个城市“国家森林城市”称号的决定》，重庆市涪陵区、北碚区、大足区、梁平区获“国家森林城市”称号，涪陵区石龙山公园是助力涪陵成为国家森林城市的重要因素。从灰漫天到花满园，从雾霾混浊到蓝天白云从来都不是一蹴而就，在这个过程中重庆付出了非常多的努力。在土地污染防治方面，2016年11月，重庆市政府就印发《重庆市贯彻落实土壤污染防治行动计划工作方案》。2020年以来，重庆实施了耕地土壤环境质量类别划分，基本摸清了全市耕地土壤环境质量状况，并开展了受污染耕地安全利用工作。2022年12月，重庆市农业农村委又出台了《重庆市耕地土壤污染防治“十四五”规划》。

在大气污染方面，重庆先后出台《重庆市深入打好臭氧污染防治、柴油货车污染治理和重污染天气消除攻坚战行动方案》《川渝大气污染防治联动工作方案（2023—2025年）》《关于扎实推进重污染天气应急减排清单及“一厂一策”有关工作的通知》等多个文件，为蓝天白云提供了坚实保障。2022年，重庆出台《重庆市深入打好污染防治攻坚战实施方案》，要求在碧水、蓝天、净土保卫战等方面，深入触及“痛点”“难点”，强调到2025年，74个国考断面水质优良比例达到97.3%，空气质量优良天数比率达到92.6%，森林覆盖率达到57%。

二、精准调控，奔赴“双碳”之路

2020 年 9 月第七十五届联合国大会上，为了应对日益严峻的气候危机，中国作为负责任的大国，宣布力争要在 2030 年前实现碳达峰，2060 年前实现碳中和，以期为全球应对气候变化作出更大贡献。2021 年，碳达峰、碳中和便被写入政府工作报告，成为我国重要的发展战略。

在过去的很多年里，全球各国都经历了用环境换取增长的阶段，导致出现大量的环境问题。要实现永续发展，必须要转变发展模式，正确处理好经济增长和环境保护之间的关系。要发展，不能以牺牲环境为代价；要保护环境，也不能直接以牺牲发展为代价。而是要走向绿色发展、节能提效、人与自然和谐共生之路。2021 年，中共中央、国务院出台《关于完整准确全面贯彻新发展理念做好碳达峰碳中和工作的意见》，文件中指出“以经济社会发展全面绿色转型为引领，以能源绿色低碳发展为关键，加快形成节约资源和保护环境的产业结构、生产方式、生活方式、空间格局”。

近年来，为了实现“碳达峰”“碳中和”目标，国家从绿色能源、节能降碳、绿色转型、绿色金融等多个方面出台了一系列的政策和举措，地方政府也积极响应落实中央政策，结合地方实际开展双碳工作，重庆也不例外。近年来，重庆市明确碳达峰、碳中和工作任务，在减污降碳协同增效、优化培育碳市场、低碳试点示范、低碳技术创新及应用等方面取得积极成效。“深化能源结构调整，

近零碳示范区经开区广阳岛园区

持续增添绿色动力”是重庆响应能源绿色低碳发展的重要思路。重庆能源产品从以原煤为主的单一格局向原煤、天然气、水电、风电等多元化格局发展。

《重庆市能源发展“十四五”规划（2021—2025年）》指出，“十三五”期间，重庆煤炭、煤电去产能任务超额完成，退出煤矿407个、去产能4427万吨，完成国家下达目标任务的192.5%。“节能降碳技术升级，加快打造绿色引擎”是重庆回应节约资源、转变生产方式的关键路径。重庆三次产业结构由2015年的6.7∶44.9∶48.4优化为2020年的7.2∶40.0∶52.8。2021年，规模以上工业战略性新兴产业增加值占规模以上工业增加值比重达到28.9%，节能环保产业营收稳定在1000亿元左右。“倡导谁低碳谁受益，鼓励自愿节能降碳”是重庆落实转变经济社会全面绿色转型的有力举措。重庆始终围绕双碳目标谋篇布局，在节能降耗之路上孜孜求索。

（一）稳定能源保障，筑牢发展压舱石

能源安全是国家总体安全的重要组成部分，也是经济社会稳定发展的基础。习近平总书记始终高度重视能源安全，指出“我们必须从国家发展和安全的战略高度，审时度势，借势而为，找到顺应能源大势之道”。石油和天然气是我国当前阶段的重要能源，油、气安全是能源安全的核心。我国石油和天然气对外依存度分别高达70%、40%以上，尤其是天然气对外依存度连年攀升。

尽快实现我国页岩气规模商业开发，缓解油气供应紧张局面，对于维护国家能源安全，保障能源供应具有非常重要的意义。2012年11月，中石化在位于重庆涪陵的焦页1HF井钻获高产页岩气流，一条“气龙”腾空出世，让涪陵成为中国页岩气商业开发的风口、世界瞩目的焦点。2013年9月，国家能源局批准设立“重庆涪陵国家级页岩气示范区”。2014年重庆市政府与中国石化集团（简称中石化）正式签署页岩气开发利用战略合作协议，并合作建立了中石化重庆涪陵页岩气勘探开发公司，涪陵页岩气田成为中石化第一个采用“地企合作”模式开发的油气田。2015年，重庆市出台《重庆市页岩气产业发展规划（2015—2020年）》对页岩气开发利用进行了详细规划。

页岩气勘探开发一直是世界级难题，且相关研究多偏重勘探领域，相关装备、工具和技术研发大多是空白。关键核心技术要不来、买不来也讨不来。在集团公司的支持下，江汉油田涪陵页岩气田从零起步与中国石化系统内科研院所、国内高校及科研机构、国际一流油服公司进行技术合作，推动产学研用深度融合，逐步形成了以页岩气层地质综合评价技术、页岩气层开发设计与优化、水平井组优快钻井、长水平井高效压裂、采气工艺配套、绿色开发为主的六大技术体系，为行业发展提供可复制推广的经验。

涪陵页岩气田作为我国川气东送管道重要气源之一，2012年12月开始建设，

2014 年 3 月进入商业开发，2017 年底建成百亿立方米年产能，每年可减排二氧化碳 1200 万吨，相当于植树 1.1 亿棵，停开轿车 800 万辆。截至 2021 年，涪陵页岩气田累计探明含气面积达 824 平方千米，累计探明储量近 9000 亿立方米，占全国页岩气探明储量的 34%。①

多年以来，涪陵页岩气公司坚持在保护生态环境中开发气田、在开发气田中保护生态环境，持续加强污染防治、节能减排，加大清洁能源生产力度，走出了一条“环境友好、绿色示范”的高质量发展道路，守护了天蓝地绿、山清水秀的美丽家园。2023 年，涪陵页岩气田要在江东区块打 8 口气井，技术人员反复选址，绕开了重庆江东桫椤自然保护区，保护桫椤这种国家一级保护植物。

涪陵山区地貌原始、平地稀少、植被茂盛、地下暗河溶洞众多，此外，群山之中还隐蔽了众多公共设施，给井位部署带来了不少风险和挑战。为了“礼让”绿水青山，保护生态环境，气田常常是几易部署方案，确保在部署井位时不触碰“生态红线”。涪陵页岩气公司技术中心相关负责人打趣说：“通往井场的路没有一条是直的，我们宁愿多走‘弯路’，也不损毁一棵树，不污染一条小河沟。”②

在保障能源安全、促进能源发展上，重庆从来不敢懈怠。“十三五”以来，重庆能源供给思路从自给自足向生产能力建设和输入通道建设并举，全市能源储运体系逐步完善。通过优化能源供给布局，加快构建与周边省市互联互通的能源战略通道，推动了能源输入输出多元化和多极化。2022 年重庆市天然气产量约为 88.4 亿立方米，同比增长了 1.48%，在国内位居第七位。在天然气供

① 黄晓芳：《我国首个页岩气田新增探明储量超千亿方》，《经济时报》2021 年 12 月 20 日。

② 《中石化重庆涪陵页岩气勘探开发有限公司：跨越式发展　把“能源饭碗”牢牢端在手中》，涪陵发布，https://mp.weixin.qq.com/s/Msk9v839Z3JTYbzgWnEJgw。

应市场中承担着主导性作用的页岩气，主要分布于西南地区，重庆的页岩气供应占据了将近一半。围绕国家能源局印发的《“十四五”现代能源体系规划》，2022年重庆先后出台《推动川渝能源绿色低碳高质量发展协同行动方案》和《重庆市能源发展“十四五”规划（2021—2025年）》，为后续实现能源保障安全有力、促进能源绿色转型、提高能源利用效率、持续提升普遍服务水平作出了清晰指引。

（二）实施节能降耗，精耕技术效益田

位于重庆市南岸区的美心集团厂区内，玫瑰、月季、三角梅等各种鲜花竞相开放，红、粉、白、紫配上一片青绿，分外惹人喜爱。员工们穿梭在花园中上下班，不少市民也来到这个开放式工厂赏花拍照，厂区成为人们羡慕的“别人家的口袋公园”。[①]这家工厂就是位于重庆南岸区白鹤路的美心集团总部工厂。重庆美心集团总部工厂被工业和信息化部评选为第四批绿色工厂。厂区用地面积11万平方米，绿化面积3.5万平方米，绿化面积全部为透水面积，绿化率为32%。而在美心集团办公楼楼顶，一处2万多平方米的“屋顶农场”令人眼前一亮，屋顶种满蔬菜树木，一条1千米的人工河环绕四周，鱼虾嬉戏其间。屋顶农场及花园都是由员工自己参建，建成后员工自愿申请成为农场主，负责土地管理，包括清洁、除草等。通过绿色环境、绿色产品、绿色制造工艺，组成了美心绿色工厂“三绿”。自“农场”建成以来，在每年秋收时节，美心集团都会举行割稻、摸鱼等趣味活动，丰富员工业余活动，还吸引了不少市民参与。

除了办公环境，美心集团的“绿色化”还体现在生产制造环节。当前，美

① 李国：《“绿色工厂”里的春天 “口袋公园”惹人驻足》，工人日报客户端，https://web.app.workercn.cn/news.html?id=284647。

心集团已建立液态、气态物料的智慧计量与输送系统，打造精细能耗控制，并升级打造能源余热、余冷回收再利用的智能节能系统。车间的天花板上管道交错，其中一条“水管道”连接起了“冷热”两端。在生产线高温加热后，水带走热量，来到另一端需要加热的产线上，用高温水为产线提供热能，而等水温降低后，则又带到需要冷气的产线上，起到降温作用。这一看似简单的水循环，实现了对机器产生的余热100%利用，大大降低了燃气和电能消耗，每年为企业节约成本60余万元。美心集团的空气压缩站用电量曾一度占全厂总用电量的12%，存在耗能大、运营服务效率低等问题，在对空气压缩机进行技术改造和优化后，一台设备每天能耗由800千瓦时降至620千瓦时，每年就节约120万千瓦时电量，所节省的电能供厂内两条智能生产线的循环使用。① 美心集团以低能耗设备替代高能耗设备，使整个制造过程高效低排效果明显。

近年来，美心集团不仅对生产过程中的污染物进行规范处理，对二氧化碳排放进行严格管控，还在产品生态设计、节能环保等多个方面“下硬功夫”，实现用地集约化、生产清洁化、废物资源化等。为实现节能，厂区所有照明灯和水龙头都是感应的；为降低生产噪声，厂区楼宇全部采用“混凝土＋隔音玻璃”双层墙；在生产工艺方面，企业生产的门类产品全数采用无油漆工艺，用环保PVC膜替代油漆，大幅降低了甲醛和苯释放，让产品更加环保。

党的二十大报告提出，加快发展方式绿色转型。绿色转型是我国工业高质量发展的内在要求，更是工业发展水平提升的重要推动力。早在2015年，国务院就发布了《中国制造2025》，提出将“全面推行绿色制造”作为九大战略任务和重点之一。2022年工业和信息化部、国家发展改革委等六部门联合发布《工业能效提升行动计划》，提出推进重点领域能效提升绿色升级。

---

① 夏元：《厂区里面“修公园建农场”这家绿色渝企一年减碳近4000吨》，新重庆，https://wap.cqrb.cn/detail?classId=943&id=1380680。

“十四五”时期，相关部门先后制定了一系列政策来推进工业绿色发展。重庆积极响应中央政府政策，2022 年重庆市人民政府出台《以实现碳达峰碳中和目标为引领深入推进制造业高质量绿色发展行动计划（2022—2025 年）》；2023 年重庆市经济信息委、发展改革委、生态环境局联合印发《重庆市工业领域碳达峰实施方案》，人民银行重庆营业管理部、重庆市经济信息委联合印发《金融支持重庆工业绿色发展十条措施》，助力重庆工业绿色转型，走技术升级、节能降耗之路。工业和信息化部 2022 年度国家级绿色制造名单中，重庆海亮铜业有限公司、重庆华邦制药有限公司等 29 家渝企入围。截至 2023 年初，重庆市累计建成国家级绿色工厂 52 个，绿色园区 5 个，绿色产品 48 款，绿色供应链 5 条。①

未来，重庆还将围绕企业层面推进能效“领跑者”和绿色工厂创建，从生产源头降低能源消耗，削减碳排放和污染物排放，还将通过引育第三方绿色制造服务商，面向中小企业提供专业服务，促进企业、园区、行业之间的链接共生、原料互供和资源共享。

（三）丰富低碳场景，引领绿色新潮流

2023 年 4 月，以“共建绿色生态　共谋绿色发展”为主题的首届西部国际碳中和技术成果博览会暨企业家高峰论坛在重庆举行，前来参观的群众围绕在“碳惠通”展台面前，对“碳惠通”充满了好奇。2019 年重庆启动建立集碳履约、碳中和、碳普惠于一体的“碳惠通”生态产品价值实现平台，2021 年“碳惠通”在渝正式上线。同年，重庆出台《“碳惠通”生态产品价值实现平台管理办法

① 夏元：《重庆绿色制造“启示录”——29 家渝企入围 2022 年度国家级绿色制造名单背后》，《重庆日报》2023 年 2 月 20 日。

（试行）》，明确了“碳惠通”方法学、项目及减排量管理，抵消管理，低碳场景建设的相关内容。

“碳惠通”由重庆市生态环境局主管，重庆征信有限责任公司负责运营，是全国首个涵盖碳履约、碳中和、碳普惠的“互联网＋”生态产品价值实现平台。平台倡导“谁低碳谁受益”，包含“2+3+N”的功能体系。其中，“2”即连通供给、消纳2个端口，“3”指关联碳履约、碳中和、碳普惠3大功能，“N”就是开发打造N个项目化低碳场景。“碳惠通”平台是公众分享低碳红利、获得普惠价值的“储蓄罐”，在这个平台上，低碳行为被量化成碳积分储蓄起来，可兑换商品、享受权益。在个人端，公众可以在微信或支付宝搜索“碳惠通”小程序，点击注册参与活动，通过步行、乘坐公共交通工具、参与衣物回收、垃圾分类、在线缴费等低碳生活方式，在平台签到、答题等行为都能获得积分。积分可用于兑换“碳惠通”会员权益、消费折扣券、实物产品、认养树木等奖品。同时，它也是企事业单位开发减排量、参与碳交易的“助推器”，减排量有序流入碳市场，丰富履约方式、实现增值变现。

企业可通过“碳惠通”平台官网，或搜索“碳惠通”微信公众号，点击网页链接注册登记企业账户，平台将按照重庆备案方法学认定的减排项目、减排量对外发布，挂牌交易。位于重庆武隆区的大梁子三峡风电场项目，拥有22台单机容量为2000千瓦的风力发电机组，每年可提供上网发电量10669万千瓦时。在“碳惠通”平台，该风电项目登记了14余万吨的碳减排量。按照每吨25元的碳市场交易均价来计算，该项目已实现碳交易超过350万元。[①]

“碳惠通”的低碳场景还在持续丰富。2023年全国低碳日重庆主场活动中，“碳惠通”生态产品价值平台正式升级为2.0版本，车碳、电碳应用场景正式发

① 陈维灯：《重庆碳惠通平台累计完成碳排放交易323万余吨》，《重庆日报》2023年3月28日。

布。车碳碳普惠是以公众用电为场景，将公众日常低碳用电行为的减排效益进行赋值的一种激励机制。电碳普惠平台则是通过将查询合理设置空调温度、关闭待机电源、人走关灯等节约用电行为所产生的减排量，以碳积分形式在平台管理存储。“碳惠通”平台上线以来，已初步形成车碳生活应用体系，陆续签约重庆公交集团、安诚保险、青桔单车、滴滴出行、松果出行、高德地图、T3出行、学习强国电单车等。以T3出行为例，重庆市民乘坐T3出行新能源车即可获得“碳惠通”平台积分，目前用户每乘车一千米即可获得12.3g碳排放。

早在2011年，重庆就已经获批成为国家开展地方碳市场试点的7个省市之一。2014年，重庆又成为全国碳排放权交易试点省市之一。[1]此外，作为西部唯一出资参与全国碳市场联建的省市，重庆主动融入全国碳市场，抓好全国碳市场控排单位履约工作，优化培育了重庆碳排放权交易市场，推进修订了《重庆市碳排放权交易管理暂行办法》。2022年1月，习近平总书记对碳达峰、碳中和工作作出全面阐述、系统部署，重庆相继成立了碳达峰碳中和工作领导小组，多次召开会议部署安排相关工作，制定了《重庆市推进碳达峰碳中和工作方案》，对标对表国家确定的政策体系，明确提出重庆市“1+2+6+N”的政策框架。其中，“1”便是2022年重庆市委、市政府出台的《关于完整准确全面贯彻新发展理念做好碳达峰碳中和工作的实施意见》。同时，重庆市政府与四川省政府联合印发《成渝地区双城经济圈碳达峰碳中和联合行动方案》以指导成渝地区合作开展“双碳”工作。“十三五”期间，重庆全市碳强度累计下降21.9%，能耗强度累计下降19.4%，均超额完成国家下达的目标任务。截至2023年，重庆碳市场“量价齐升”，累计成交碳排放指标4139万吨、8.76亿元，为实现“双碳”目标贡献了重庆力量。

---

① 陈维灯：《双碳行动协同推进绿色低碳转型》，《重庆日报》2022年6月29日。

三、互融共促，收获金山银山

“绿水青山就是金山银山”，2005 年 8 月 15 日，时任浙江省委书记的习近平在浙江安吉县余村调研时，首次提出著名的“两山论”。2013 年，习近平主席在哈萨克斯坦纳扎尔巴耶夫大学演讲时再次强调：“我们既要绿水青山，也要金山银山。宁要绿水青山，不要金山银山，而且绿水青山就是金山银山。”2020 年习近平总书记在陕西考察时又一次肯定指出：“人不负青山，青山定不负人。”习近平总书记的“两山”理念，不仅是对生态环境价值的再审视、再发掘、再创造，更是对马克思主义中国化时代化的拓展与创新。良好的生态环境能够提升人居环境，本身蕴藏着大量的财富。

重庆也一直在思考探索将生态治理、环境保护与特色产业互融共促，加速拓宽金山银山的转换通道。首先是与农业互融，用绿色赋能乡村振兴。近年来，重庆以产业设施化、规模化、标准化、生态化为重点，建立了“以种带养、以养促种、种养结合、循环利用”循环发展理念，打造规模化绿色生态农业。开州春橙、涪陵榨菜、万州香根草、酉阳油橄榄等都是生态农业、绿色农业发展的典范。其次是与工业互融，让绿色促进产业升级。按照“绿色发展、集约高效、循环发展”的原则，重庆以固体废弃物利用处置设施为核心功能大力发展静脉产业，弥补产业体系的空缺，变废为宝，实现闭环经济。最后是与文旅互融，以绿色打造城市名片。

依托重庆各地生态资源，积极开展生态治理修复，推动生态旅游，促进文旅融合，涌现了一批诸如万盛经开区青山湖国家湿地公园、武隆区荆竹村、江北区五宝镇等宜居宜游的生态旅游之地。

云阳县凤鸣镇黎明村农文旅融合图景

（一）种养循环促进增收增产[①]

“谷雨春光晓，山川黛色青。”晚春时节，走进重庆市合川区隆兴镇广福村，只见白鹭成群，居民小楼星罗棋布，绿荫白墙相映成趣，引人驻足。然而前些年的隆兴镇可并不是如此。

① 刘冲：《寻找巴渝乡村振兴榜样 发展绿色循环农业、盘活优势资源、为百姓解难题 “80后”镇党委书记为乡村振兴添动力》，新重庆，https://wap.cqrb.cn/detail?classId=673&id=1414139。

隆兴镇位于合川区西北部，是典型的传统农业大镇，家家户户都会养几头猪、喂点鸡鸭。由于畜禽粪污乱排乱放，居住环境臭烘烘，污染了下游河流水质，一些村民甚至因此搬离。2017 年 3 月，35 岁的代金川前来担任隆兴镇镇长。在摸底走访中，代金川了解到当地村民非常迫切地想要改善人居环境。对大多数村子来说，处理畜禽粪污不是一道容易的生态考题，但代金川始终坚信不能以牺牲环境换取经济增长，要让发展和生态相辅相成、相得益彰。走访中，看着不少村民在田地里使用农家肥，代金川萌发了“变废为宝”，即把禽粪利用起来发展循环农业的想法。2014 年，隆兴镇曾引进油橄榄产业，通过流转土地规模化种植，以公司自营、“公司 + 专业合作社”、“公司 + 专业合作 + 农民入股”等方式，发展油橄榄 3 万亩。2017 年，依托镇上已有的 2 万亩油橄榄种植土地，代金川将楼层式标准养猪场落户到广福村，集中镇上 20 余家 500 头以上养殖场在此养殖。

同时，引进生猪等畜禽粪便日处理能力达 400 吨、年产有机肥 10 万吨的杨二嫂生物科技有限公司，实现了“猪—粪—肥”的绿色循环农业。杨元生是镇里的种植大户，镇里引进有机肥厂后，杨元生将复合肥换成了有机肥，大大降低了种植成本，其种植的大片玉米、黄豆等农作物和黄精等中药材均长势喜人。截至 2023 年 4 月，位于隆兴镇倒碑村六组的杨二嫂生物科技有限公司已试运行发酵处理畜禽废弃物约 5000 吨。在正式投产后，日处理生猪等畜禽粪便可达 400 吨，年生产生物 / 复合有机肥达 10 万吨。抓住油橄榄、生猪和有机肥 3 个重要环节，隆兴镇构建起了“猪—粪—肥”“猪—沼—果（粮、菜）”等绿色农业发展模式，实现了畜禽废弃物就地消纳、能量循环、综合利用，初步形成了种养结合的现代循环农业新格局。

粪污不见了，荒山添绿了，各个村子大变样。距离隆兴镇油橄榄基地约 20 千米的钱塘镇大柱村富龙沟院子就是一个例子。富龙沟院子有不少极具特色的川东民居，建筑古韵与新风并存。一条条平整的水泥路延伸到村户门前，沿路竖立着崭新的新能源路灯，小鸟在枝头叽叽喳喳，篱笆两旁的小黄花向阳绽放。年近80岁的李忠良由于之前周边环境“脏乱差”，退休后就住进了城里子女的家。前几年回村，他发现村里变化巨大，水体不黑、空气不腥、鸡鸭入笼。于是，李忠良把老房子重新装修后继续回到了农村住。据了解，近年来隆兴镇回来的人越来越多，好多家进城的乡亲也准备返乡。

重聚乡愁的富龙沟院子，是重庆持续改善农村人居环境、努力扮靓乡村、促进绿色农业发展的一个缩影。据统计，2022年，重庆市农村生活污水治理率达到39.7%，比全国高8个百分点，累计完成64条农村黑臭水体治理，消除面积近30万平方米，使44万村民受益；畜禽粪污综合利用率稳定在80%以上。连续五年，重庆市农村人居环境整治等乡村振兴重点工作均获国务院督查激励。2022年中央农村工作会议上，习近平总书记对发展生态低碳农业作出重要部署，表明了以习近平同志为核心的党中央推进农业绿色发展、加强农村生态文明建设的鲜明态度和坚定决心。

进入新时代、新阶段，推进农业强国建设，必须要立足我国人多地少、人均资源不足的国情农情，把资源承载力和生态环境容量作为约束条件，走资源节约、环境友好的农业可持续发展道路。近年来，重庆在绿色、低碳、生态农业发展上也下足了功夫。早在2019年，重庆市农业农村委员会等10部门联合印发《关于加快推进水产养殖业绿色发展的具体措施的通知》，促进水产养殖业的绿色转型；2020年，重庆市农业农村委员会等6部门共同印发《重庆市质量兴农战略实施方案（2020—2022年）》，明确指出要“加快农业绿色发展”；2022年，重庆市出台《2022年重庆市绿色高质高效行动实施方案的通知》；2023年重庆市又出台《重庆市支持食品及农产品加工产业高质量发展十条政策》，指出对成功创建国家级绿色园区的给予最高2亿元奖励。

一系列的举措和政策产生非常显著的成果。数据显示，重庆化肥农药用量连续多年呈下降趋势，农业面源污染得到有效控制。截至2020年年底，重庆市化肥使用总量已实现连续5年递减、农药使用总量连续10年递减。2020年化肥、农药使用总量分别减少到89.8万吨、1.62万吨，比2015年分别下降8.1%和11%。渝北区木耳镇金刚村通过发展生态农业人均年收入从2011年的7000元增长到2021年的25800元，村集体经济每年盈利200万元以上；万州棕花村的立体循环农业实现了产业链综合效益上百万元。

（二）静脉产业助推闭环经济[①]

重庆中天电子废弃物处理有限公司厂区内，一台台废旧电视正排着队由工作人员检查后放到处置生产线的传送带上，拆除电源线、拆除后壳、机内清理、CRT（阴极射线管）解除真空、拆除电路板……经过13道工序拆解，一台废旧电视机被拆分成了单独的电源线、电路板、高压帽、喇叭、电线等数十种零部件，它们中一部分将变成产品再次销售，一部分则进入专业的机构等待被处理。[②]废弃电子产品是典型的集资源性、污染性于一身的固体废弃物，妥善回收处理就能发挥较高的资源价值。

经过资源化回收，能够减少从矿石中提炼的新金属量，既节约了自然资源，又降低了成本，变废为宝，一举多得。重庆市中西部23个区县范围内进行的废旧电视、冰箱、空调、洗衣机、电脑等回收、运输、储存、拆解与资源化综合利用都是由重庆中天电子废弃物处理有限公司负责，每年处理的废弃电器电子产品规模达200万套以上。

重庆中天电子废弃物处理有限公司位于重庆市双桥经济开发区，其对废旧

---

① 余常海、程竹青：《节约集约资源　畅通循环利用——重庆推进全域“无废城市”建设》，中国环境客户端，https://res.cenews.com.cn/h5/news.html?id=1071362。

② 刘茂娇、陈钰桦：《从夯基垒台到全面发力——双桥经开区：加快打造中国西部最大高质量循环经济产业园》，《重庆日报》2023年5月29日。

电器的拆解再利用就是双桥经开区静脉产业的一个缩影。2013 年，双桥经开区循环经济产业园作为重庆市级循环经济试点园区在大足区邮亭核心区首批启动建设。次年重庆双桥经开区获批成为首批低碳试点园区，并积极推动发展静脉产业。静脉产业即资源再生利用产业，它以节约资源和保护环境为前提，运用先进技术实现各类废弃物的再利用和资源化，包含废弃物转化为再生资源及将再生资源加工为产品两个环节。①

近年来，双桥经开区已初步形成一园多链的产业格局，涵盖再生资源产业园和再生金属、废旧拆解、节能环保等多个产业链，通过构建绿色低碳循环高质量发展体系，静脉产业布局不断强化。依托报废汽车集团大足拆解基地等产业集聚基础，加快再生钢、再生铅、再生铝、废旧家电拆解利用、报废汽车拆解等项目的提档升级。

积极引进和培育能够回收利用发动机、变速箱、传动装置等汽车零部件，以及处理报废车残存气体、液体等的企业。聚焦重庆主城装备、汽车等产业发展，逐步承接废钢、废铝等金属制品回收产业企业转移，发展了多元化材料循环利用产业。双桥经开区推动全环节绿色发展，引导和鼓励企业创建绿色供应链管理，计划 2026 年静脉产业将实现规上工业总产值 400 亿元，建成中国西部最大的高质量循环经济产业园和青少年环保教育基地。

我国自 2005 年起就开始进行静脉产业园区的探索，2018 年国务院发布的《“无废城市”建设试点工作方案》中就明确提到，应构建工业、农业、生活等领域间资源和能源梯级利用、循环利用体系。2019 年，重庆主城区被纳入全国“无废城市”试点，开始持续推进固体废物源头减量、资源化利用和安全处置，推进静脉产业园区建设，推动实施“无废城市”全域行动。2020 年，川渝两地

① 《以生态优先促绿色发展　来看重庆大足双桥经开区如何做》，华龙网，http://cq.cqnews.net/html/2021-05/07/content_51336449.html。

签订《成渝地区双城经济圈“无废城市”共建合作协议》，标志“无废城市”试点由重庆主城中心城区延伸拓展到重庆全市域和成渝地区双城经济圈。

自“无废城市”建立以来，危险废物精细化管理、餐厨垃圾全量资源化利用、城镇污水处理厂污泥无害化处置、“一网多用”构建废弃农膜回收体系、“五个结合”构建全民行动体系等多项经验做法入选《无废城市建设：模式探索与案例》。2022年，重庆发布《重庆市“十四五”时期“无废城市”建设实施方案》，提出推进24个静脉产业园建设、3个综合型产业园建设。同年重庆市又出台《静脉产业园规划方案》《重庆市推进静脉产业园建设若干政策措施》，[①]详细解读了静脉产业园建设工作，并组织川渝两地12个产业园区签订了《成渝地区双城经济圈静脉产业园区发展联盟合作框架协议》以提升成渝两地静脉产业整体竞争力，促进资源共享和互利共赢。[②]

此外，重庆还建成危废医废利用处置设施95座，实现市域医疗废物处置设施全覆盖；建成垃圾焚烧处理厂和厨余垃圾资源化利用厂38座，实现中心城区垃圾全焚烧和厨余垃圾全量化利用；建成污泥无害化处置设施47座，基本实现无害化处置，提前3年完成国家任务。

（三）荒漠重生塑造生态文旅[③]

每年9月，重庆酉阳土家族苗族自治县花田乡的万亩梯田，都是稻浪金黄，一派丰收的景象。站在菖蒲盖的悬崖上俯瞰梯田，秋日阳光下云霭聚散、青山

① 《重庆积极推进川渝两地共建“无废城市”》，重庆市人民政府网，https://www.cq.gov.cn/zt/cydqscjjq/xtfz/202212/t20221209_11373000.html。

② 《川渝12个产业园区联盟推动静脉产业高质量发展》，新重庆，https://wap.cqrb.cn/detail?classId=10&id=1398796。

③ 参见陈维灯《酉阳菖蒲盖 高寒石漠化区域蝶变旅游度假区》，《重庆日报》2021年9月10日。

如黛，梯田层层叠叠，美不胜收。这里所产稻米色泽光亮、粒粒饱满、清香四溢。梯田之上，平均海拔 1400 余米的菖蒲大草原，却正经历着一场巨变——曾经高寒、石漠化程度严重的菖蒲盖，正逐渐变身为高山生态旅游度假区。

菖蒲大草原，因地处菖蒲盖山脉而得名，是重庆市境内迄今发现的面积最大的草原。曾经的菖蒲盖因为高寒、水土流失等原因逐渐石漠化，其生态系统十分脆弱，以喀斯特地貌为主，土地贫瘠，除了零星散落的小型湿地生长菖蒲之外，大片区域是裸露的石头和低矮的灌木丛。能在菖蒲盖上种植的农作物不多，除了红苕和洋芋，盖上许多人家都曾经以种植烤烟为生。但烤烟种植对土壤要求较高，必须年年换地，否则容易出现病虫害，但年年换地也在一定程度上加剧了菖蒲盖的水土流失。菖蒲盖上的气候也不行，烟叶质量和产量都不高。

除了种植业，养殖业也曾是菖蒲盖上的一大主导产业，但无序养殖让原本就脆弱的生态系统雪上加霜。然而，高寒、生态系统脆弱的菖蒲盖有着绝美的风光：云海、悬崖下的万亩梯田、让人沉醉的日出日落、璀璨的星空，还有灌木与紫花针茅、羽柱针茅、羊茅等混生的高山草场。这些为菖蒲盖打造高山生态旅游度假区提供了可能。2018 年，经过多方考察后，酉阳桃花源旅投集团将目光投向了菖蒲盖，并成立了酉阳县菖蒲旅游开发有限公司（以下简称“菖蒲盖旅游公司”），负责菖蒲盖的生态修复和文旅开发。

为破解生态系统脆弱难题，菖蒲盖生态修复主要从护山、理水、育林、筑田、蓄湖、复草等方面展开，最大限度保持菖蒲盖的原生态植被。由于菖蒲盖是高山大盖，盖沿处大多是陡坡悬崖，一下暴雨就容易引发山洪、滑坡等地质灾害。菖蒲盖旅游公司采取的办法是修筑拦山堰、排洪沟，引流灌溉。喀斯特地貌为主的菖蒲盖水资源十分稀缺，蓄水、护水也是菖蒲盖景区打造中的一个难点。经考察发现，菖蒲盖上分布着一些高山湿地，但很多因往年的无序养殖而遭到破坏，存在原生植物退化、水体轻度污染等问题。于是，结合湿地生态修复，经专家严格论证，菖蒲盖旅游公司引进花菖蒲 78 个花色品种，在菖蒲湖湿地打造菖蒲园，充分发挥湿地蓄水、护水的功效。在菖蒲盖的生态修复中，最难的是复草。菖蒲盖高山草场原生的花针茅、羽柱针茅、羊茅等植被，大多浑身带刺，对发展旅游业并不十分友好。要让游人走进草场，就必须对植被进行改良和修复。专家经考证和多方比对，选取了酉阳当地的草种进行播撒，并对菖蒲盖原生带刺植被进行适当清除，改良和修复植被逾万亩。

酉阳板溪镇片区是菖蒲盖地区内的重度石漠化区域，植被覆盖率和土壤覆盖率不足 30%，岩石裸露率超过 70%。但在这种石漠化严重的地方，有一种形成于寒武纪时期，极具景观价值的自带花纹的石头——叠层石。对于叠层石的改造，主要是植入酉阳非遗文化与乡村艺术文化，将原本的石漠化荒地打造成了一个集文化体验、地质研学、休闲观光于一体的叠石花谷景区。菖蒲盖旅游度假区一期涉及的 3 个乡镇、13 个村中，有 1400 多户村民流转了土地，每年在盖上务工的村民则更多。截至 2021 年，菖蒲盖旅游公司的劳务支出已超过千万元，村民人均实现务工年收入约 2.8 万元。叠石花谷和菖蒲大草原，正成为酉阳县石漠化土地治理和生态旅游开发建设的生动招牌，是实现生态产品价值转换的典型案例。

过去的十几年，重庆市深入贯彻习近平生态文明思想，坚持共抓大保护、不搞大开发，持续推进岩溶地区石漠化综合治理。2008—2018 年，重庆进行封山育林、人工造林、草地建设、坡改梯及配套的蓄水池、沉沙池建设等，有效增加石漠化地区林草植被覆盖。其间，2014 年，重庆市发展改革委、林草局、农业委员会、水利局、财政局联合印发《重庆市岩溶地区石漠化综合治理工程项目管理实施细则》，为石漠化治理提供了操作指引。

经过治理，重庆市石漠化土地从第二次监测结果的 89.5 万公顷减少到 77.3 万公顷。2020 年 6 月，国家发展改革委、自然资源部联合印发了《全国重要生态系统保护和修复重大工程总体规划（2021—2035 年）》，有 316 个石漠化分布县纳入实施范围；编制印发了《长江重点生态区生态保护和修复重大工程建设规划（2021—2035年）》等专项规划，分别布局了长江上中游岩溶地区石漠化综合治理工程和湘桂石漠化综合治理工程，将石漠化治理等作为重点任务纳入。

重庆作为全国8个石漠化严重地区之一，紧密对接国家石漠化政策要求，2022年重庆市人民政府出台《重庆市生态环境保护"十四五"规划（2021—2025年）》，多次强调岩溶石漠化治理工作的重要性。截至2023年，对比第三次石漠化调查结果，重庆第四次石漠化调查显示现有石漠化土地718.47万亩，较五年前减少了440.83万亩，石漠化状况呈现出持续改善的良好态势。[①]

① 左黎韵：《五年减少石漠化面积440.83万亩——看重庆如何治理"石头山"》，《重庆日报》2023年6月18日。

四、结语

党的二十大报告指出，中国式现代化是人与自然和谐共生的现代化。人与自然和谐共生的现代化，是习近平总书记立足我国生态保护现实需求和发展阶段所作出的科学论断，是在探索中国式现代化过程中所形成的重要理论结晶，体现了中国式现代化的独特生态意蕴。[①]党的十八大以来，以习近平同志为核心的党中央始终将生态文明建设摆在国家战略高度，将“美丽中国”作为建设社会主义现代化强国的重要目标。面对这项长期艰巨的历史任务，重庆选择迎难而上，坚持以习近平生态文明思想为引领，全面贯彻落实党中央、国务院关于加强生态环境保护的系列部署要求，坚定不移走生态优先、绿色发展之路，坚决打好污染防治攻坚战，推动生态环境保护工作取得积极成效，长江上游重要生态屏障进一步筑牢，“山水之城·美丽之地”颜值更高、气质更佳。截至2022年，重庆市共有6个区县获得国家生态文明建设示范区称号，5个地区获得国家“绿水青山就是金山银山”实践创新基地命名。2022年12月，重庆市委六届二次全会召开，明确提出把“生态文明建设水平显著提升”作为现代化新重庆建设的6个主要目标之一，将打造美丽中国先行区作为现代化新重庆建设的重要任务作出部署。

① 刘风雪:《人与自然和谐共生现代化的生态伦理意蕴》,《光明日报》2023年8月24日。

立足现在，展望未来。新时代、新征程的新重庆将坚持以人民为中心的发展思想，坚决扛起在推进长江经济带绿色发展中发挥示范作用的重大使命，有效统筹高水平保护和高质量发展、高品质生活、高效能治理，迭代升级治水、治气、治土、治废、治塑、治山、治岸、治城、治乡等生态环境治理体系，坚决打好长江经济带污染治理和生态保护攻坚战，全面筑牢长江上游重要生态屏障，实现全市域生态环境质量、城乡大美格局、绿色低碳发展水平、生态环境数智化水平的显著提升，推动自然之美、城乡之美、人文之美、和谐之美、生活之美整体跃升，人与自然和谐共生的现代化取得实质性进展。

鹅公岩大桥
鹅公岩轨道大桥
鹅公岩轨道大桥

重慶市人民大禮堂

第六章

赓续与传承 守正亦创新

重庆是一块英雄的土地，是一座注入了红色基因的城市，这里不仅是巴渝文化的发祥地，更是“红岩精神”的起源地。红岩精神深深植根于重庆悠久的历史文化和革命传统，植根于伟大建党精神，是全民族抗战时期和解放战争时期，在党中央领导下，以毛泽东、周恩来为代表的老一辈无产阶级革命家、共产党人和革命志士，在以重庆为中心的国民党统治区，为争取民族独立和人民解放的革命斗争实践中培育形成的伟大革命精神，集中体现为救亡图存的爱国精神、不畏艰险的奋斗精神、和衷共济的团结精神、勇于牺牲的奉献精神。彪炳史册的红岩精神是共产党人精神谱系的重要组成部分，是中国共产党和中华民族宝贵的精神财富，更是重庆这座城市鲜明的红色标识。传承红色基因，赓续红色血脉，以高质量党建引领保障现代化新重庆建设是新时代谱写中国式现代化重庆篇章的必由之路，是新征程勾勒中华民族伟大复兴中国梦重庆画卷的必由之路。

党建工作是压舱石，是定海针。近年来，重庆深学笃用习近平总书记关于党的建设的重要思想，坚持以党建为统领，以共建共治共享为导向，以健全体制机制为关键，以数字赋能为动力，着力构建权责清晰、运行顺畅、充满活力的党建统领基层智治体系，使党的领导通达基层“神经末梢”、全面落实到市域治理各方面和全过程。中共重庆市委六届三次全会专门研究全面提高党的领导力组织力，加快建设现代化新重庆市域党建新高地的议题，明确提出加快打造新时代“红岩先锋”变革型组织，形成具有重庆辨识度、全国影响力的党建名片。

一、打造新时代“红岩先锋”变革型组织

新时代“红岩先锋”变革型组织的基本内涵是：忠诚坚定、依法尽责、清廉为民、唯实争先、整体智治、协同高效的学习型、开放型、创新型、服务型、效能型组织。在新时代新征程新重庆建设过程中，要求各级组织和党员干部传承红岩精神、赓续红色血脉，坚定理想信念、补足精神之钙，做到准确识变、科学应变、主动求变，在变革中争当先锋、勇挑重担、推动发展。

学习型组织，就是坚持用习近平新时代中国特色社会主义思想武装头脑，树立全员学习、终身学习理念，营造重视学习、崇尚学习的浓厚氛围，促进党员干部的思想、能力、行动跟上党中央要求、跟上时代前进步伐、跟上事业发展需要。开放型组织，就是培育世界眼光和开放思维，主动与国际一流比、与先进地区比，虚心学习吸收好经验好做法，在追赶中发展、在跨越中领先，不断激发活力和生机。创新型组织，就是坚持解放思想，勇于改革创新，保持与时俱进，以创新理念、创新方法、创新机制敢啃“硬骨头”、勇闯深水区，以思想认识的新飞跃谋划发展的新蓝图，以推动工作的新路径开创事业的新局面。服务型组织，就是坚持以人民为中心的发展思想，把一切为了人民、紧紧依靠人民、不断造福人民、牢牢植根人民作为各项工作的根本出发点和落脚点，常态长效服务企业、服务群众、服务基层，用党员干部的辛苦指数换取人民群众

和企业发展的满意指数。效能型组织，就是坚持问题导向、目标导向、结果导向，坚持运用系统观念、系统方法和数字化的理念机制，推动跨领域、跨部门、跨层级、跨地域、跨业务协同，实干争先，不断提高工作质量、运行效率和整体公信力。

打造新时代“红岩先锋”变革型组织，必须紧扣“一统六化”的基本要求。“一统”即党建统领，以加强党的全面领导、全面加强党的建设、全面从严治党为主线，把各级党组织建设得更加坚强有力。“六化”即观念现代化、工作体系化、运行法治化、管理扁平化、平台数字化、能力实战化。

打造新时代“红岩先锋”变革型组织，必须以“八七五”为实践路径。“八”即八张问题清单——巡视清单、督查清单、审计清单、环保清单、网络舆情清单、安全生产清单、信访清单、社会平安稳定清单。“七”即七张报表——党建报表、经济报表、平安报表、改革报表、创新报表、生态报表、民生报表。“五”即五项机制——区县委书记和部门“一把手”例会机制、争先创优赛马比拼机制、常态化服务基层服务企业服务群众机制、领导班子运行评估和群众口碑评价机制、最佳实践分析和典型问题案例复盘机制。

（一）铜梁：党建统领，激活商圈发展新动能[1]

夜幕降临，铜梁龙城天街夜市正热闹：锅巴土豆、臭豆腐、鸡丝凉面、冰粉凉虾、烧烤夜啤酒……夜市烟火气逐渐升腾，吸引了大批市民前来体验城市的味道和活力。这背后是铜梁龙城天街商圈管委会创新党建模式，建全“商圈党工委－商圈非公党委－非公企业党组织”三级组织架构，将党建优势持续转

① 李慧敏：《铜梁：党建统领　激活商圈发展新动能》，中国新闻网 https://www.cq.chinanews.com.cn/fgs/2023/0822/16-4954.html。

化为商圈企业发展的优势，实现了党建工作与商圈繁荣互促共赢。

1. 凝聚力量，商圈“红”起来

今天的龙城天街商圈业态门类齐全，入驻商家增加到749家，已经成为文旅品牌“周末到铜梁”的重要承接地之一。

在推进商圈党建工作中，龙城天街商圈党工委把隶属关系不同、企业主体不同的各类非公党组织整合起来，构建“商圈党工委－商圈非公党委－非公企业党组织”三级组织架构，形成以龙城天街商圈党工委为核心的基层非公党建组织体系，凝聚党组织、党员和商户三方力量，积极推动商圈良性发展。

加强组织建设的同时，以商圈党群服务中心为主阵地，龙城天街建起商圈党群服务（万达）站，将非公党建工作延伸到商业综合体中。“这里可以接水、充电，累了还可以在沙发上打个盹，真的是给我们提供了方便！”天气炎热，来到龙城天街党群服务站休息的外卖员冯熙然竖起了大拇指。通过开放式管理，党群服务站更高质量地服务党员、服务商家、服务新业态新就业群体，同时也成为宣传党和国家政策方针、开展专题党课和读书会的主要阵地。通过党群服务站还有效拓展了党建活动空间，增加了企业之间交流的机会，密切了党群关系，增强了党建引领经济发展的能力。

2. 精准服务，商圈“暖”起来

从2023年春节起，随着流动摊点的增多，万达广场夜市成了龙城天街夜间人气最旺的地方之一。但是餐饮店和人群多起来之后，地面清洁卫生没能及时跟上，让楼上所住居民和过路群众有了意见。中共重庆铜梁万达广场商业管理有限公司支部委员会党员张翼巡场发现后，及时与党建指导员联系。商圈党工委接到反映后，积极与万达商管协商，并联合市政管理局一起商量如何才能既规范夜市，又维护环境清洁。最终形成的“星光夜市”方案，让流动摊点固定下来，同时增加垃圾桶、防油防滑地垫，以及协商外包方每日高压枪清洗和保洁专人定岗“一月一清”，摊点业主、消费者和居民的利益都得到了维护。

商圈不仅是基层党组织的覆盖对象，更是参与治理、服务群众的重要场域。过去，商圈内党组织隶属关系、党员管理、工作领域各不相同。现在，龙城天街商圈党工委以三级组织体系为基础，通过网格化管理集成商圈信息，第一时间掌握每栋楼宇的党员和入驻企业情况，建立党员档案并做到动态管理；与公安、社区、物业联动，整合政治资源、人力资源、公共服务资源，共同协调商圈企业和群众热点难点问题探索，实现目标同向、互促共进。

商圈党工委通过选派机关支部骨干党员担任党建指导员，进行一对一督导，引导商圈内经营主体遵纪守法、诚信经营；建立帮扶台账，组织商户提合理化建议，帮助他们解决经营发展中的困难。在走访结对企业时，党建指导员樊璠了解到在龙城天街景观打造中，商圈几家风格鲜明的餐饮企业在开业之初门口店招面临“一刀切”窘境。如何才能做到既不影响整体视觉效果，又保留原有店招的风格？在樊璠努力下，经过实地评估、方案调整，绿化景观、地面铺装和门头店招进行了整体设计，最终营造出一步一景的景观效果，既提升了商业体个性化和辨识度，又为商圈增添了时尚气息。

3. 党建赋能，商圈“旺”起来

商圈党工委聚焦党支部书记和民营企业家两个群体，通过鼓励商圈企业中高层主动在党组织中任职，特别是配强党支部书记，潜能商都办公室主任、物业经理徐启梅在去年换届选举后担任中共重庆市铜梁区居然之家家居有限公司支部委员会支部书记。在工作中，她主动抓党建促发展，将党建与企业工作结合起来，采取“走出去，引进来”的思路，引进知名企业与潜能商都合作，使潜能商都的出租率达到 98%，位列商圈写字楼出租率第一，实现了组织资源优势和示范效应。“商圈党工委把我们组织起来抱团发展，让我们有了主心骨，感受到了党组织的力量和温暖。”徐启梅感慨地说。

企业积极性不断激发，社会责任感不断加强。这五年来，以联建促党建，龙城天街党员经营户积极开展亮身份、亮职责、亮承诺行动，促进党员发挥“主人翁”作用，持续开展社会捐赠、关爱助困等爱心公益活动，承担更多社会责任，商圈党建与商圈发展深度融合。

通过党建统领，商圈区域内的各类非公企业、社会组织、经营户正联合起来，形成商圈党建和商户经营共建共治共享的局面。“我们将持续强化非公经济组织党建工作，以三级组织架构为依托，充分发挥商圈党建聚人心、促发展的作用，从优服务、促发展、抓治理三个方面，增强商圈向心力，将党建资源转化为促进商圈经济社会提质增效的发展资源。让龙城天街变成人气旺、活力足、经济强的渝西地区最具影响力的商圈。”

（二）渝北：完善养老服务体系，交出民生高分报表

“刚刚大家做得都很棒！下面我们来做第二节指尖运动，一二三四，二二三四……”2023 年 1 月 30 日上午，走进重庆市渝北区回兴街道养老服务中心二楼活动大厅，十几位老人正在“90 后”护理员杨镇岩的带领下认真地做着冬季保健手指操。另一边，社工廖常春正带着几位老人开心地下着棋。

近年来，重庆市渝北区大力推广社区养老，通过建立镇街养老服务中心、社区养老服务站和对公共区域进行适老化改造等举措，破解基层养老设施匮乏等问题，让老人不离亲、不离群，在家门口安心养老。

1.“中心带站”：不孤独的“第二个家”

“浏阳河，弯过了几道弯……”做完保健操，年逾八旬的江正伦走进练歌房。她熟练地打开音响、拿起话筒，自信地走到伙伴面前一展歌喉。这已经是她每

天雷打不动的习惯，不但自己唱，她还要拉着几位老伙伴一起唱。“还是江老师唱得好听。”听到赞美声，江正伦“咯咯咯”地笑起来，眼睛眯成了一条缝。“这里就是我的‘第二个家’。”江正伦感慨。过去她与女儿住在一起，但50多岁的女儿还要工作，孙子孙女尚在读书，祖孙三代的生活节奏差异很大。虽然女儿也希望母亲与自己一起生活，可她很难将江正伦照顾周全。

一年多以前，江正伦住进了回兴街道社区养老服务中心。原本她还有些担忧，但明亮宽敞的居室、一应俱全的音响设备，让她很快就喜欢上了这里。“这便是镇街养老服务中心最重要的优势。过去，专业养老院离城区较远，老人入住后难免孤独。但镇街养老服务中心能让老人在熟悉的生活范围里享受到家人、朋友的陪伴。”渝北区民政局相关负责人说。“而且周边的老人都可以来养老服务中心参加活动，享受健康理疗等服务。”蔡宇说。依托养老服务中心，回兴街道还在各个社区开设了9个养老服务站，为辖区内的老年人提供日常照护、按摩保健、助餐等服务。

如今，渝北区已建有22个镇街养老服务中心、158个社区养老服务站，老人们共聚在没有“围墙”的养老院里欢度晚年。

2. 上门服务：养老服务“搬”进家

下午2点，阳光正好。龙山街道银桦路社区养老服务站“养老管家”周玲和同事走进失能老人李英家中。今年92岁的李英失明6年、卧床9年，又患有胃癌，女儿女婿已贴身照顾她16年。“老人家，您这段时间有没有哪里不舒服？我们先测个血压……”这是李英签约家庭养老床位服务以来，享受的第4次医生巡诊、医疗护理服务。“婆婆的血压有点高，降压药要定时吃，平时要让她多喝水，适当活动。”周玲又向老人的女儿徐菊叮嘱了用药注意事项。

在渝北，养老服务中心和养老服务站除了能为老人提供固定的养老场地，还能提供一系列上门服务，家庭养老床位服务就是其中之一，该服务包括对老人家庭进行适老化改造、助餐、助浴等。2022 年 2 月，徐菊为母亲申请了家庭养老床位服务，在社区养老服务站“养老管家”建议下，徐菊和丈夫从 12 类、50 多项服务包中勾选了多项服务并签约：工作日每日送午餐，每月两次上门擦浴服务、修指甲、清洁手脚，每月 10 个小时保洁服务，智慧化远程监控，家庭照护者培训等。徐菊直呼非常实惠：“所有这些服务总计 1284 元，我们只需要自付 385 元，‘大头’由渝北区民政局补贴。”

从养老服务中心到养老服务站再到居家养老，渝北区将养老服务网络越织越密，将各类养老服务“送出去、送上门”。

3. 适老公园：让老年人安全出行

“大爷，我们最近要再修一个主题公园，您给我们提提建议。”傍晚，双龙湖街道老年主题公园康逸园内，街道民政与社会事务办主任刘文苓还在开展随机调研。听到刘文苓的询问后，在园内座椅上歇脚聊天的老人们纷纷围过来，打开“话匣子”。“有扶手的木椅子还可以多安装一些”“健身器材的种类要有差异”……刘文苓一边听，一边在笔记本上记录。“老人们如此积极回答，就表示这件事真想到了他们心里。”刘文苓欣慰地说。在刘文苓心中，要让老人能在家门口养老，不能只考虑室内，还要考虑室外，要对公共区域进行适老化改造，扩大老人的活动范围，让老人能安全出行。

2022 年，双龙湖街道已建设了 3 个老年主题文化园，康逸园就是其中之一。走进园内，角落里的便民饮水机、彩色的塑胶操场、随处可见的座椅，点缀着老人们幸福的休闲生活：有的老人在这里摆上棋局，有的在塑胶操场上跟着视频学跳舞，还有的带着小孙女在园中游玩，欢声笑语萦绕其间。

幸福美满的晚年生活，既是每位老年人的期盼，也是每个家庭的关切。完善“居家社区机构相协调、医养康养相结合”的养老服务体系，让广大老年人老有所养、老有所依、老有所乐、老有所安，交出民生高分报表。

（三）云阳：赛马比拼，赛出乡村发展新动力

“我们现在有旅游路、产业路、致富路，就是没有退路”，“短短一周时间，我们就兑现了当初在招商引资时的承诺”……在前不久云阳县举行的乡村振兴“大比武”活动现场，来自该县各乡镇（街道）的20名驻村第一书记和驻村工作队队员同台“打擂”，讲村情、亮经验、晒成绩，展风采、比干劲、谋思路。①

“此次‘大比武’，只是云阳打造‘兴云赛道’实施赛马比拼工作机制的一个缩影。”“兴云赛道”则是系列晾晒活动的统称，包括驻村工作队乡村振兴“大比武”活动、村（社区）党组织书记乡村振兴“擂台比武”活动、组织委员观摩交流活动、镇街部门“双晒双评”活动等。通过动态晾晒、赛马比拼，打造“兴云赛道”这一品牌，云阳县基层党组织赛出了动力、赛出了速度、赛出了活力。

1. 赛出动力，有差距就要想办法赶上去

“全镇24个村，跑在前头的村集体经济收入有100多万元，我们才10来万元。”阳凤村党支部书记邹江云说。正是因为在村（社区）党组织书记“擂台比武”活动中看到了差距，2022年9月底，他们在全县率先推出“我在凤鸣有块地”项目，在村里辟出6余亩土地，切分成30至60平方米不等的小块，以每平方米15至20元价格供市民认领种植蔬菜，该项目一经推出就吸引了众多市民前来捧场。村里又顺势修建起作为餐饮住宿配套的“南山挹秀”，打造“我在凤鸣有个家”项目，租赁闲置农家进行改造后，转租给向往田园生活的城里人，

① 刘翰书：《云阳打造“兴云赛道”亮经验、晒成绩、展风采，激发组织新形态、干部好状态——赛马比拼　赛出乡村发展新动力》，《重庆日报》2023年3月20日。

让他们“来得了，留得住”。

自2021年以来，云阳县每年都要开展“双晒双评”活动，全县42个乡镇街道和73个县属部门将党的建设、产业发展成果、基层治理成效、招商引资等工作晾晒在由县领导组成的观摩团面前，观摩团现场验收、照单打分、片区排名，年终考核。

“知其不足，而后奋起。我们通过‘双晒双评’看到了自身发展的不足，就组织全镇24个行政村的党支部书记，分批次前往县内外其他村子进行现场观摩。”凤鸣镇组织委员谭小蜂说。大家在“红脸出汗”的同时，找差距、学经验，形成互学比拼共进步的氛围，通过赛马比拼赛出谋求发展的新动力。

2. 赛出速度，一周解决投资方三大诉求

“短短一周时间，我们就兑现了当初在招商引资时的承诺。”2021年，在全县村（社区）党组织书记“擂台比武”活动上，巴阳镇永利村党支部书记万丹谈到一个养殖项目时颇为自豪。他说，2020年，村里在引进一个投资近7000万元的养殖项目时，对方希望能在最短时间内解决企业用电、建设用地、道路修到厂门口三大问题。为此，永利村拼时间、抢进度，多方协调努力，仅用了一周时间，就解决了投资方提出的三大问题——牵设起2千米长的电线、流转了110余亩土地、修建好从主马路到厂子的近1千米道路。“能在这么短的时间内解决我们的实际问题，我们被永利村的高效率和诚意所打动。”重庆训康农牧科技有限公司负责人张六三说，这样的速度完全出乎预料。

“永利速度”带来的效益也显而易见：训康农牧公司已在当地形成年产值近亿元的养殖规模，还吸引了其他4家规模化智能化生猪、牛羊养殖企业集聚，并带动了畜禽粪污生态化处理中心的落地，实现生态保护和经济发展有机统一。

通过基层党建赛马比拼，实现了基层党员干部从“要我变革”向“我要变革”、从“适应变革”向“引领变革”、从“承载压力”向“释放张力”的跃迁。

通过全方位激发组织新形态、干部好状态，村（社区）党组织书记的履职能力和服务水平得到明显提升。

3. 赛出活力，偏远乡村成了游客打卡地

站在云阳县巴阳镇巴阳村临江而建的景观长廊远眺，网红打卡地“五指印江”田园综合体尽收眼底，漫山桃花与一江碧水相映成趣。

每逢周末和节假日，来自云阳及周边区县的游客络绎不绝。“周末一天可以收入 5000 多元，节假日单日收入近 2 万元。”巴阳村全地形山地越野车项目经营户汪俊说，“我们这里位置比较偏远，原来出名的只是枇杷，没想到环境变美后，能吸引这么多游客。”

变化始于当地从 2021 年开始进行的人居环境整治。目前，巴阳村不仅建起了智慧枇杷园，还依托“五指印江”田园综合体发展起集观光农业、生态旅游、项目体验于一体的农文旅综合项目，仅 2023 年春节假期，就有上万名游客慕名而来。巴阳村的变化，正是坚持党建引领院落式乡村振兴示范点建设的一个缩影——通过学习先进、找寻差距，以乡村面貌的焕然一新推进乡村振兴。

重庆云阳把打造新时代“红岩先锋”变革型组织作为固底板、补短板、延长板的有力抓手，在赛马比拼中提升组织能力，形成比学赶超、争先创优的浓厚氛围，交出基层党建高分报表。

二、党建扎桩，治理结网

党的二十大报告指出："全面建设社会主义现代化国家、全面推进中华民族伟大复兴，关键在党。"党中央有部署，重庆有行动。中共重庆市委六届三次全会明确提出，各级党组织要牢固树立大抓基层、重抓党建的鲜明导向，加快打造新时代"红岩先锋"变革型组织，进一步提升党的组织体系建设整体效能，深入推进"党建扎桩·治理结网"党建统领基层治理现代化改革，推进"一中心四板块一网格"基层智治体系等重点措施，即从镇街、村社和网格三个层面、线上和线下两个维度推进基层智治体系建设，打造党建统领基层治理"升级版"。

一是构建乡镇（街道）新型治理体系。重庆着眼增强乡镇（街道）统筹统揽能力，建立基层治理指挥中心，作为镇街治理"中枢"，赋予其指挥权、督导权、考核权；构建党建统领、经济生态、平安法治、公共服务"四板块"，将内设机构、事业站所、派驻机构对应纳入，统筹使用板块内人员，根据工作职责设置相应工作岗位，健全工作闭环流转、多跨协同、联动指挥等机制。同时，深化乡镇（街道）综合行政执法改革，推动职能体系重构、运行机制重塑、资源力量重组。

二是深化党建统领网格治理专项行动。网格是基层治理的最小单元。为打通基层治理"最后一公里"，重庆按照一般300～500户标准全面优化网格设置，治理情况复杂的进一步划小网格，按照50～80户设置微网格，同步建立党组织，配齐配强“1+3+N”（网格长＋专职网格员、兼职网格员、网格指导员＋其他各类力量）网格治理团队，提升组团作战能力。目前，重庆全市共设置网格6.4万个。通过建立网格动态调整、定期走访巡查、职责事项准入、网格员常态培训、“网格吹哨，部门报到”问题闭环解决等机制，充分发挥网格在政策宣传、感知预警、为民服务等方面的作用，切实增强基层治理效能。

三是打造一体化治理智治平台。数字化是基层治理的关键变量。重庆坚持最快部署、最小投入、最佳实战、最大共享，着眼“一年形成重点能力、三年显著增强基本能力、五年整体提升体系能力”的目标，聚焦基层治理核心业务、重大需求，全市统一开发建设部署一体化治理智治平台，实现上联区县、下通村（社区）和网格、横跨镇街“四板块”，线上叫作“四条跑道”。

“党建扎桩”，就是让党组织在基层治理中成为“主心骨”，把党的全面领导落实到基层治理方方面面，确保基层既充满活力又和谐有序；“治理结网”，则是织密延伸进城市楼栋和乡村院落的“大网”，不断提升党建统领基层治理的系统性、整体性、协同性，实现基层各类问题“一网解决”，改变长期以来基层“上面千条线、下面一根针”的困境，形成“上面千条线、下面一张网”的基层治理新格局，在现代化新重庆建设中涌现出了一大批生动鲜活的典型案例。

（一）高新区：党建“治”理心贴心，服务群众“零”距离

重庆市高新区虎溪街道围绕建设新时代市域党建新高地目标，坚持党建统领基层治理，打造新时代“红岩先锋”变革型组织，采取“党建扎桩·治理结网”方式，致力推动网格组织体系标准化、网格运转阵地实体化、网格服务系

统集成化、网格治理效能常态化，层层放大变革效应，用基层“小网格”撬动社会“大治理”。

1. “小网格”织就“大格局”

根据“人口规模适度、服务管理方便、资源配置有效、功能相对齐全”的原则，以小区楼栋为基本单元，将区域内所有主次街巷、企事业单位公共场所、商圈市场等全部纳入网格。聚焦“溪畔互助家”社会治理品牌，倡导“善治若水、互助融心”理念，按照党员共管、活动共联、资源共享、难题共解、文化共融“五共”思路，与辖区140余家单位开展联建共建。探索“网格吹哨，单位报到”协同联动机制，各单位之间“拆掉了隔心墙，架起了连心桥”，形成“上面千条线、下面一张网”社会治理新格局。

设立“初冠篮球进社区”等64个党建联席项目，引导辖区高校、中小学、教育机构和医院向居民开放校史馆、生物馆、博物馆、图书馆等场所，开展心理健康、学生作业辅导、艺体特长培训和创业培训，举行理论宣讲40余场次。打造健康小屋，开展义诊50场次，共建康养服务、家庭辅导等共建项目20余个。开展云端爱心辅导，受益中小学生达2500余人次。推动物业党组织应建尽建，通过打造红色物业，促进社区与物业联合办公，召开联席会56次，协调解决问题131个，聘请第三方公司开展居民满意度调查，促进物业提升服务水平，建立和谐平安的新型社区。

2. “小角色”担当“大事业”

依托“溪畔党群站”，成立网格党组织160个，划分微网格1020个，配齐配强“1+3+N”网格力量，公示成员名单及工作职责，设立党员“红岩先锋”岗，划定责任区，实施“三亮”行动。深化党建统领“一把手”工程，压实“社区党委－网格党支部－楼院党小组－党员中心户－党员”动力主轴，建立健全党组织书记包联党小组组长、党小组组长包联党员、党员包联居民的三级包联架构，进一步细化党组织“神经末梢”。广泛开展“共产党员户”挂牌活动，让“红色合伙人”走进网格，不断扩大社区“朋友圈”，以“红色”能量矩阵焕发社区治理新活力，形成了以专为主、专兼结合的网格治理队伍。

打造虎溪花园小区“便民亭”、瀚湖小区“睦邻议事亭”、学樘府小区“零理苑”、康田漫城小区“周三服务亭”等议事平台，结合“溪畔邻里汇”“溪畔青春荟”活动，开展反诈、垃圾分类、食品安全、法制宣传等活动410余场次。

接待居民咨询政策4900余人次，协调解决物业矛盾144个，化解居民纠纷845余起，组织居民讨论社区事务，引导居民理性、有序参与社区管理、小区自治，把网格打造成便民服务的平台、化解纠纷的平台、解决诉求的平台，营造“小事不出物业、大事不出社区，共同服务群众”治理格局。

3.“小分队”提供“大服务”

将社区内的党建和政法综治、民政、城管、信访、应急管理等各类网格统一整合成“一张网”等多种板块“一网打尽”，打破行政壁垒和信息孤岛，探索组织联建、难题联办、服务联动三项机制，构建“3+1”综合服务岗新模式，推动治理重心下移、力量下沉、权力下放、业务下沉，为辖区居民提供社保、生育服务、民政临时救助、老人高龄补贴等帮办代办和上门服务，30余项渝快办业务实现困难群众上门办，一般群体小区办，办理健康证、退役军人证、独生子女证、准生证等1800余个，入户走访60817户居民，协调解决问题392个。

建立志愿者积分奖励制度，联合辖区商超开展志愿者积分兑换，新增志愿者780余名，建立养老看护、公益慈善等志愿服务队28支，帮助独居老人打扫卫生、包饺子、陪老人聊天，听老人讲故事，实现持证残疾人和残疾儿童、独居、孤寡老年人家庭医生签约全覆盖，为480余名独居老人建立档案，护送

2000余名老人免费体检，为严重精神障碍患者和在册残疾人提供服务300余次。围绕“一老一小”，打通服务群众“最后一米”，实现了“让数据多跑路、让群众少跑腿”，让群众有了看得见、摸得着的获得感。

（二）荣昌：探索以“小院+”推动党建引领乡村善治[①]

近年来，荣昌区以10至30户左右群众聚集的农家小院为基本单元，以“小院+”推动党建引领乡村善治，有效激发群众参与意识、畅通群众参与渠道、提升群众参与能力，切实解决乡村治理困境，逐步健全党组织领导的“三治融合”乡村善治体系，为推动乡村全面振兴提供和谐稳定的社会环境。

1. 建立党建引领机制，夯实乡村治理根基

在区委统一领导下，将组织、宣传、政法、民政、司法、农业农村、群团等14个区级部门关于乡村治理的项目、资金、资源和工作等优化打包至“小院+”实施，建立党建引领乡村治理工作机制。

一是强化组织引领。加强党的组织建设，在小院内建立党小组，党员不足3人的通过选派党建指导员、建立联合党小组等方式加强党的工作覆盖，构建“镇街党（工）委－村级党组织－村民小组（网格）党支部－小院党小组（党建指导员）”的组织体系。把小院作为党支部（党小组）活动阵地，推动网格向小院下沉、组织活动向小院延伸。

二是突出带头引领。在村级党组织和党建指导员的指导帮助下，选好小院“带头人”。对有党员的小院，引导群众将党员推选为小院院长，发挥党员带头

① 参见荣昌区委组织部《荣昌区：探索以“小院+”推动党建引领乡村善治》，七一网，http://www.12371.gov.cn/Item/611882.aspx。

表率作用；对没有党员的小院，由党建指导员代行院长职责，组织小院群众开展“小院 +”建设，在小院运转正常后，再组织小院群众推选合适人选担任院长，引导群众始终在党组织领导下开展活动。

三是发挥示范引领。深化“党员百分百”评价机制，开展党员亮身份、亮岗位、亮承诺和比作风、比担当、比贡献的“三亮三比”行动，发挥农村党员在联系服务群众、推动“小院 +”建设、助力乡村振兴等工作中的先锋模范作用。建立党员联户机制，推动 1 名党员联系小院内及周边的 20 ~ 40 户群众，帮助协调解决困难问题，搭建党群“连心桥”。

2. 探索小院建设路径，树立乡村治理示范

在荣昌全区范围内选择 10 ~ 30 户较完整或集中的传统院落，组织开展“小院 +”建设工作，充分发挥小院的示范带动作用。

一是规范建设标准。按照“村民自愿申请、村级审核上报、镇街评估确定、区级复核把关”流程，采取“赛马机制”进行评估，每年择优确定一批小院进行建设，确保数量和质量兼顾，5 年内逐步实现“应建尽建”。出台“小院 +”实施方案，制定宣传发动、自愿申报、推选院长等“十步工作法”，明确有自治办法、有规范展示等“五有”标准，规范化推进小院建设。每年底对小院建设开展验收评估，合格的给予星级评价结果并授牌，每年按照 30% 的比例进行滚动抽查复核。

二是丰富建设内容。围绕小院“+ 服务”，探索“小院点单、村级接单、区镇两级买单”等方式，推动各级资源力量向小院汇聚。广泛开展“+”思想、“+”送法、“+”文化等工作，鼓励各镇街、村社结合实际探索广播、快递、路灯等服务进小院，丰富“小院 +”的内涵和外延。坚持因院制宜，充分挖掘每个小院背后的传统习俗、产业发展、乡风文明、文化底蕴等特点，逐院细化建设方案，做到“院院有特色”“处处有乡愁”。

三是健全带动机制。开展“画最大同心圆·建美丽同心院”行动，以全体在家农户为基数，按照“核心区”“带动区”“辐射区”分类推进、有效衔接。在建成小院内“核心区”的基础上，将小院周边散居农户作为“带动区”纳入治理，并进一步将剩余的散居农户作为“辐射区”进行网格化管理，实现内外联动、联建共建、服务共享，提升小院的辐射带动作用。

3. 发挥群众主体作用，激发乡村治理活力

充分尊重群众在“小院 +”建设、管理、运行中的主体作用，完善小院治理架构，引导群众有序有效参与小院治理。

一是选好“院管家”。指导成立小院议事机构，推选 3 ~ 5 名品行好、有能力且愿意为小院服务的党员群众作为“小院管家”，组成小院院委会或理事会，负责小院的日常管理、政策宣传、民情收集、矛盾化解、法律普及等工作。

二是议好“院落事”。对涉及本院落的重要事务，如小院建设方案、公共设施维护等，在小院党小组（党建指导员）指导下，由小院院委会或理事会初议，然后提交全体小院群众讨论决定，做到群众的事群众商量办，持续激发小院群众参与乡村治理的“主人翁”意识，努力实现“小事不出院、大事不出村”。

三是定好“小院规”。积极引导小院群众共商共定小院院规、小院精神等，持续塑造小院文化，逐步实现群众自我管理、自我教育、自我监督。探索以“百分百银行”为平台，建立小院积分兑换奖励机制，结合小院公约和评比活动，鼓励小院群众主动参加积分，依据得分情况进行奖惩，调动参与积极性。如万灵镇开发“智村”App，将积分发送至小院群众“智村”账户，小院群众可采取网上下单或到超市自提等方式，将积分兑换成所需生活用品，有效激励群众投身小院治理。

（三）潼南："云网格"打通基层治理微单元[①]

近年来，重庆潼南区以打造新时代"红岩先锋"变革型组织为抓手，围绕党建统领、多元集成、平战一体、数智赋能、夯实基层、双网共治，建立线上全域覆盖"云网格"、线下网格治理微单元，探索了一条力量在网格聚合、民情在网格掌握、矛盾在网格化解、问题在网格解决、服务在网格开展的道路。

1. 支部建在网格上，形成多元共治合力

把网格打造成为最小党建单元、执行单元、智慧单元，潼南区突出多网合一，整合党建、综治、民政、城管、信访、卫生、应急等原有网格功能，社区以300～500户为度，农村以村民小组为单元，划分基础网格1847个，按照一个网格设立1个党支部或党小组，采取单建、联建等方式，实现网格党组织全覆盖。

"感谢网格长，帮我们解决了噪声问题，现在可以睡个踏实觉了。"家住桂林街道隆鑫紫宸小区居民李小艳说。隆鑫紫宸小区位于城市商业区，据小区居民们反映，前不久楼下新开了一家酒吧，晚上声音开得很大，让大家无法正常休息。

收到居民反映后，桂林街道龙潭社区13网格长罗中成立即联系社区民警一同前往协调处理。经劝导，酒吧负责人承诺晚上9点半后将音乐分贝调低、提前结束营业时间。

依托网格推动党建、治理、服务相融合，潼南区还全覆盖建立"红岩党员·马掌铁"等志愿服务队548个，深入开展"新锋党建"、"巾帼善治理"、学

① 参见吴鑫袁《潼南："云网格"打通基层治理微单元》，金台资讯，http://baijiahao.baidu.com/s?id=1775020871055976742&ufr=spider&for=pc。

雷锋志愿服务示范等系列活动，引导辖区群众由治理的“旁观者”变成“参与者、监督者、受益者”，形成多元共治合力。

2. 群众点单我接单，服务24小时在线

以“网”中微治理带动基层大治理，潼南区努力让网格群成为密切联系群众的新桥梁、新纽带。

依托网格建立“潼心共治”网格服务微信群，44.9万户城乡居民进群。

推动区级领导联网进格、镇街班子成员包网进格、部门干部结网进格、镇街干部入网进格、村（社区）干部驻网进格，1.4万余名部门、镇街机关干部向单位联系网格和居住地网格“双报到”，1600余名村（社区）干部驻守网格。

推行“群众点单、平台派单、网格接单”的“民呼我应、民呼我为”工作模式，网格长、网格员、村（社区）干部24小时在线服务，“线上”答疑解惑、“线下”贴心服务，实现了人在网中走、事在格上办，实现受理群众诉求办结率100%。

“我家水管无法供水，能不能帮忙想想办法？”2023年6月的一个周末，家住双江镇双江社区帝光家园的小区居民唐富贵正为家里自来水问题发愁之际，第一时间想到了“潼心共治”双江社区服务群，就把自己的诉求发到了网格微信群。

接到求助后，社区网格长唐道江立即入户调查情况。经查找原因，主要是社区的供水管道破裂漏水，导致水压不够，楼层较高的住户无法供水。通过与供水单位沟通，立即组织技术人员抢修，两个小时后全小区恢复正常供水。

以网格之“智”赋能基层之“治”，有效打通基层服务的“最后一米”，破解基层治理难题。

3. 双网共治“一张图”，数字赋能基层“智”治

成立党建统领基层治理专班，统筹推进技术融合、业务融合、数据融合，

以数字化手段提升“双网”智治水平。根据“一中心四板块一网格”总体框架，建设全区智慧型指挥调度平台，部分镇街先行先试建立了镇街基层治理指挥中心、村（社区）基层治理中心，设置党建统领、经济生态、平安法治、公共服务4条跑道，承接重大应用功能基层特色场景应用。

群力镇作为先行先试镇，在其双网共治“一张图”上，基层治理模块和运行流程清晰可辨。镇级基层治理指挥中心对上承接区级指令任务，对下负责村（社区）基层治理中心指挥调度，通过智治平台每日对网格巡查，收集群众反映事项，统一研判后再向党建统领、经济生态、平安法治、公共服务4个板块分发，由具体业务人员办结后反馈，实现了一个网络接单、指挥中心派单模式。

前段时间，群力镇白兔村水稻基地负责人陈俊光遇到了一个难题。在日常巡查水稻长势时，他发现部分水稻叶面上呈现枯萎状。焦急的他把情况反映给了网格长，网格长第一时间把情况发送到群力镇基层治理指挥中心一体化治理智治平台，请求专业帮助。

“这个俗称稻瘟病，进行农药消杀的同时还要加强田间肥水管理，我马上把农药配方写给你。”工作人员在平台上发现水稻问题后，立即指派经济生态板块农业管理岗到基地解决问题，通过技术人员的帮助，如今该基地的水稻长势很好。

目前潼南区结合实际，细化了“双网”共治政策宣传引领、源头信息采集、矛盾前端化解、风险感知报告等网格治理“八件事”，明确了网格长“四个总”、网格指导员“四到位”、专职网格员“三必访四必清五必到”等具体要求，建立了“信息受理—分流交办—执行处置—日常督办—信息反馈—评价回访—督查考核”事项处理机制，打通了“双网”共治内循环，能够实现群众反映事项“一站办”“一次办”。

三、打造党建品牌矩阵，提升“渝”字号党建辨识度

党的领导决定中国式现代化的根本性质，确保中国式现代化行稳致远，激发建设中国式现代化的强劲动力，凝聚起建设中国式现代化的磅礴伟力。坚持中国共产党领导，这是对中国式现代化定性的话，是管总、管根本的。管党治党成效如何，直接影响着现代化新重庆建设的成色。高质量党建是现代化新重庆建设的“红色引擎”，是书写中国式现代化重庆篇章的重要支撑。

在推进现代化新重庆建设中，重庆明确提出要形成一批具有重庆辨识度的党建名片，建设新时代市域党建新高地。近年来，围绕形成一批具有重庆辨识度的党建名片，重庆各地各部门积极行动起来，聚焦新时代“红岩先锋”变革型组织建设，努力打造各有特色党建品牌矩阵，努力提升“渝”字号党建名片在全国的辨识度、知名度。

万盛老街的红岩文化室展厅

（一）永川打造“茶竹永检”党建品牌矩阵，推动党建与业务深度融合[①]

“感谢检察官阿姨给我重返校园的机会，我才能考上心仪的大学……”近日，收到国内某体育学院录取通知书的小华（化名）来到永川区检察院检察六部，

① 参见龙丹梅《永川“茶竹永检”党建品牌矩阵　推动党建与业务深度融合》，《重庆日报》2023年8月28日。

和检察官熊文靖一起分享喜悦。

两年前，小华受人唆使参与一起抢劫手机案，在父亲陪同他前往公安机关自首时，小华后悔不已。

“当时，我们部室正在打造‘未蓝天空’党建子品牌，其目的之一，就是帮助涉罪未成年人重回人生正轨。”承办该案的熊文靖和检察官们通过综合研判，作出附条件不起诉决定，并对回归校园的小华进行持续帮教。今年，小华得以圆了大学梦。

“未蓝天空”只是永川区检察院结合地域和部室特点，打造的“茶竹永检·同心向党”党建矩阵中的一个子品牌。近年来，永川区检察院将永川独有的茶竹文化融入检察履职，以争创符合自身职能特点的特色品牌为激励，推动党建工作与检察业务深度融合，打造了一批独具特色的检察工作品牌。

“未蓝天空”品牌，就是负责未成年人检察工作的检察六部结合永川区西部职教基地的定位打造的。熊文靖介绍，永川区除中小学外，还有17所职业院校，近18万名职教学子，未成年人的数量比其他区县多。不少未成年人法治意识淡薄，打架斗殴、盗窃等犯罪行为时有发生。

“针对职业院校多的特点，我们采取了更具针对性的未成年人保护举措。”熊文靖告诉记者。比如，过去由检察官为主讲人开设的法治讲座，学生往往是被动接受，效果有限。永川区检察院选派检察官到各院校担任法治副校长、法治辅导员，指导学生成为“青春检盾”法治宣传教育志愿者，让他们成为法治教育的“主人翁”，在预防犯罪等方面起到了重要作用。又如，分析涉职教学生案件的突出特点，梳理其实施犯罪行为前的不良行为，向其所在学校发出检察建议，进行针对性整改，有效减少了未成年在校生犯罪发生。

以“茶竹永检·同心向党”党建品牌为依托，重庆永川建立了一支部一特色、一部室一品牌的副品牌体系，形成了永检辩论队、永检“云普法”、永检大讲堂、"莎姐"普法基地等子品牌。这些品牌向社会展示了检察机关都做了哪些工作，目标和责任是什么，把检察职责、检察工作、检察文化融为一体，生动诠释着检察为民的初心。

（二）黔江积极探索实施基层党建创新项目，聚力打造特色党建品牌①

近年来，针对基层党建工作没抓手、基层党组织软弱涣散和缺乏基层党建品牌等问题，重庆黔江区坚持问题导向，探索实施基层党建创新项目，把党建重点任务和难点问题细化为具体项目，以项目化管理方法为抓手，着力打造一批具有黔江辨识度的党建品牌，形成"一个项目一面旗，一个品牌带全局"的格局，推动基层党组织全面进步、全面过硬。

1. 聚焦特色，让项目选题更精准

党的工作最坚实的力量支撑在基层，最突出的矛盾问题也在基层。

据了解，为确保基层党建创新项目切口小、易操作、能推广，黔江区结合深化基层党建"六项行动"、开展"百千万"示范培育，围绕"融圈入群"、乡村振兴、基层治理等中心任务，分农村、城市、机关、国企、中小学校、公立医院、非公7个领域划定选题重点、提供参考方向，引导各基层党组织"一项目一方案、一项目一申报"。

在提供选题参考的基础上，黔江区还明确了"一报二审三定"选题立项模式。一报，即基层党组织提出初步选题方向，填写项目申报表，报各党内统计

① 参见冉为《重庆黔江：探索实施基层党建创新项目，聚力打造特色党建品牌》，七一网，http://www.12371.gov.cn/Item/630156.aspx。

归口单位；二审，即36个区级党内统计归口单位初审，相关部门通过查阅资料、听取汇报、实地走访等方法进行了评估，明确特色不鲜明、亮点不突出、方案不完善的不予立项；三定，即区委组织部组织人员对项目进行预评估后确定立项名单，反馈各党内统计归口单位组织实施。

基层党建创新项目把抽象的党建工作细化为一项项便于落实的“硬任务”，今后我们抓党建的方向更加明确，也更有实招。

2. 聚焦重点，让项目实施更科学

项目选准、选好之后，如何推进项目建设是关键。为了指导服务好各个基层党建创新项目，黔江区建立落实党建创新项目指导机制，帮助基层党组织挖掘打造党建品牌、解决实际困难。

在太极镇李子村党群服务中心外，来参加支部主题党日活动的党员们认真地看着公开栏里张贴的《党建引领基层治理“12345”工作法》党建创新项目方案，并频频点头。

为引导党员群众全过程参与、全方位监督、全要素评价，黔江区组织实施单位就党建创新项目“实施步骤、目标任务、完成时限、具体责任”等内容作出承诺，在党务公开栏、“黔江发布”公众号等公示，听取群众意见，主动接受监督。同时在区级层面上成立了工作专班，主要负责综合研判、调度指导，每季度调度一次、实地督导一次、反馈通报一次，每半年组织一次实地观摩，形成工作闭环，最终确保每个基层党建创新项目有亮点、有特色。

“火车跑得快，全靠车头带”，黔江区注重发挥“头雁效应”，明确64名党组织书记为基层党建创新项目第一责任人，并采取1个党建项目落实“1名主管部门领导包抓+1名基层党组织书记牵头+1名组工干部联系+1支工作队伍负责”四个一方式，设岗、定人、定责、定时，合力推进项目建设，形成齐抓共管的工作格局。

3. 聚焦亮点，让项目成果更见效

在黔江，各基层党组织以项目化为抓手，注重实干实效、突出亮点特色，围绕基层治理、产业发展、服务群众等方面做足“项目”文章，形成以点带线、连线成片的生动格局。

黔江卷烟厂党委、城南街道党工委联合实施基层党建创新项目，打造“红心+”红色驿站，全年360天对外开放，除专职人员值守外，节假日均由工厂和社区党员志愿者提供志愿服务，使“红色驿站”成为家门口的暖心地标。马喇镇官庄村党支部、小万村党支部探索“村村支部联建”，激活乡村产业“一池春水”，2022年，肉牛、鲟鱼、牧草等特色种养殖业蓬勃发展，集体经济收入双双突破10万元，带动群众增收约50万元。区市场监管局机关二支部建设“党建红”特色党建品牌，主动回应群众期盼，让简单事项“就近办”，2022年已累计帮助407位经营者在“家门口”办理营业执照，解决市场主体年报、企业联络员登记等问题1100余件次。

“基层党建创新项目已然成为黔江区党建工作的一张亮丽‘金名片’，是我们衡量考核基层党组织党建工作的重要‘金标准’。”据介绍，为了客观全面对基层党建创新项目进行评审定级，黔江区委组织部组建6个专家评审组，实地察看项目开展情况、辨识度和破解党建难题成效，结合日常了解、立项初评和中期党组织互评等情况，对2022年实施的64个项目进行考核评估。目前，已评出1个特等、12个一等、32个二等、19个三等，并根据评定等次为年度组织工作考核加分，同步兑现奖补资金34.8万元。

黔江区发挥基层党组织能动性，充分尊重基层首创精神，以党建项目化提升基层党组织建设质量，推动党建工作由“难点”变‘亮点”、由“虚工”变“实做”、由“单一”变“融合”，实现党建工作加速跃升，全面提升基层组织建设质量和水平，全力推动党建与经济社会发展互融共促。

（三）沙坪坝创新基层党建，“红岩精神”更具影响力[①]

沙坪坝是红岩精神重要发祥地。在打造新时代“红岩先锋”变革型组织中，该区结合自身实际，持续开展“冠红岩之名　铸红岩之魂”实践活动，通过参与基层治理、服务群众、传承文化，让“精神”内化为“动能”，推动精神文明建设和城市发展。

1. 基层治理，当好居民与社区沟通的“桥梁”

最近，沙坪坝区井口街道美丽阳光家园社区二期公园广场边上，新安装了一张长椅。“这张椅子是我向‘红岩小屋’提议后安装的，我们居民说话管用！”居民李雪梅告诉记者。社区有一位装了义肢的残疾人喜欢看大家跳舞，但又不能站得太久，李雪梅就想到向“红岩小屋”提建议。几天后，长椅便安好了。

“我不知道安椅子这事该归社区、物管还是住房保障中心管，但给‘红岩小屋’反映，一定没错！”李雪梅说。

李雪梅所在的美丽阳光家园是一个公租房小区，常住人口有三四万人。这样大的小区，需要更多居民参与自治。社区以“红岩小屋”为载体，定期召集物业、住房保障中心工作人员一起商讨，倾听居民意见和建议，为大家解决问题；请来热心居民担任“红岩志愿者”，为大家提供贴心服务，比如提供招工、活动开展等信息。“在一点一滴中实现基层有效治理。”黎雅红说。

2. 服务群众，为居民提供 50 多项暖心服务

2023 年 6 月 28 日上午，石井坡街道中心湾社区花弄里“特钢贤人坊健康小

① 参见罗芸《创新基层党建“红岩精神”更具影响力》，《重庆日报》2023 年 6 月 30 日。

屋”内，78岁的退休医生熊育国身着“红岩志愿者”字样的红马甲，正在为居民义诊。

90岁的邓开国伸出手臂，让熊医生为他测血压和心率。邓开国患有慢性疾病，需要定期测量。“以前得坐车到医院去测，可我这年纪出一趟门也不容易。”邓开国说。现在熊医生就在离他家楼栋100米附近的地方提供义诊服务，他在家门口就能接受专业的用药建议。

熊育国是“特钢贤人坊”的红岩志愿者之一。有54年党龄的他申请每周二、周四到社区的“健康小屋”为居民们服务，已成了当地的“名人”。

作为一个老旧小区，社区将有一技之长的300余名党员组成红岩志愿者服务队，打造“特钢贤人坊”品牌，为居民提供康养、家政等五大类别50多项暖心服务。除“健康小屋”定期开展的服务外，居民还可通过线上线下预约各项服务。现在，以党员为主体的红岩志愿者队伍已成为激发群众自治活力、为群众提供暖心服务的重要载体，成为现代化新重庆建设征程中一张亮丽“党建”名片。

3. 传承文化，让更多人感知“红岩精神”的魅力

“版画不是拍照片。我们刻画一棵树，不用刻出每一片叶子，但一定要用心刻出这棵树最有特点的地方……”上个周末，在土主街道土主社区文化活动中心，土主版画传承人高泽泉是一名红岩志愿者，他为小朋友们讲了一堂版画创作课。小朋友们用简单的线条表现身边的花草、人物、建筑，乐在其中。

这背后是沙坪坝积极开展“冠红岩之名 铸红岩之魂”实践活动，围绕加强文化传承开展系列志愿服务活动，让“红岩精神”有更大影响力和传播力。

除开展社区活动外，该区还打造了公共文化品牌“黄葛树下龙门阵”，通过一个个红岩事迹、一条条党的创新理论，在繁华的商圈里传递历史的记忆和时代强音；开设“红岩红沉浸式剧场”，展现红岩英烈的感人事迹；组建“8090”

宣讲队，以快板等形式让党的方针政策更加入脑入心，让更多人感知“红岩精神”的魅力；邀请重庆糖画、面塑、剪纸、沙磁乱针绣、黄杨木雕等本土非遗项目传承人，走进中小学、社区，让学生、居民体验非遗创作，增强对本土文化的认同。

四、结语

推进现代化新重庆建设开好局起好步，关键在党、关键在人。打造新时代“红岩先锋”变革型组织，推动党建扎桩，治理结网，打造党建品牌矩阵等重大举措不仅是现代化新重庆在党建领域传承弘扬红岩精神的生动写照，更为现代化新重庆建设提供了强大动力和可靠保障。

从重庆高新区创新“老杨群工”基层党建特色品牌，构建“大党建大协同”格局到重庆垫江构建三个功能区，让“赛马比拼”拼出速度与激情，从沙坪坝聚焦关键领域重大项目取得新突破到璧山“赛马比拼”构筑招商引资“强磁场”，从绿水青山绕巫山的“生态高分报表”到南岸用法治底色绘就的“平安高分报表”……打造新时代“红岩先锋”变革型组织推动现代化新重庆管党治党全面提质提效，党建扎桩，治理结网，加快建设新时代市域党建新高地，打造党建品牌矩阵充分体现了党建与全局互为融合、一体考评的新理念，为书写中国式现代化具有重庆辨识度的党建故事提供经验支撑和实证素材。

唯实争先、砥砺奋进，以高质量党建引领高质量发展，只有让党建的桩扎得更深更牢、治理的网结得更密更实，才能真正把基层治理具体工作做到群众心坎上，在高质量发展生动实践中书写好中国式现代化重庆篇章的党建实践，以重庆一域之光为全国发展大局增光添彩，为推进中国式现代化贡献重庆智慧和山城力量。

后 记

为展现中国式现代化在重庆的生动实践，以新时代重庆发展的缩影印证中国式现代化道路的可行性和科学性，证实中国式现代化理论的深厚基础，中共重庆市委党校（重庆行政学院）组织编写了《行千里·致广大——中国式现代化的重庆故事》一书。

《行千里·致广大——中国式现代化的重庆故事》一书编写工作，由谢金峰主持，张健、侯晋雄综合协调。本书第一章、第二章由赵康编写，第三章、第五章由谢芳芸编写，第四章、第六章由王群编写，张健、侯晋雄负责全书统稿工作。在编写过程中，得到了国家行政学院出版社的大力支持。本书吸纳借鉴了学界已有研究成果，一并致谢。

编写组同志满怀热情，以高度的责任感、使命感从事编撰工作，但由于理论水平有限和实际工作的短板，书中难免错漏和不足，恳请读者批评指正。

编者

2024 年 3 月